O que o meu
coração
aprendeu

DR. CLÁUDIO BOMTEMPO

O que o meu coração aprendeu

Edições Loyola

Dados Internacionais de Catalogação na Publicação (CIP)
(Câmara Brasileira do Livro, SP, Brasil)

Bomtempo, Cláudio
  O que o meu coração aprendeu / Cláudio Bomtempo. -- São Paulo : Edições Loyola, 2024.
  ISBN 978-65-5504-400-3
  1. Bomtempo, Cláudio 2. Deus (Cristianismo) 3. Fé (Cristianismo) 4. Histórias de vida 5. Jesus, Floripes Dornelas de, 1913-1999 6. Testemunhos (Cristianismo) 7. Vida cristã I. Título.

24-222832 CDD-248.5

Índices para catálogo sistemático:
1. Testemunhos : Vida cristã   248.5

Cibele Maria Dias - Bibliotecária - CRB-8/9427

Preparação: Paulo Fonseca
Capa: Ronaldo Hideo Inoue
  Composição sobre a imagem do Sagrado Coração de Jesus, © PRASAD K BALAN, © Adobe Stock. Na primeira orelha e na contracapa, fotos de Floripes Dornelas de Jesus, Redes Sociais/Divulgação.
Diagramação: Sowai Tam

Edições Loyola Jesuítas
Rua 1822 nº 341 – Ipiranga
04216-000 São Paulo, SP
T 55 11 3385 8500/8501, 2063 4275
editorial@loyola.com.br
vendas@loyola.com.br
www.loyola.com.br

Todos os direitos reservados. Nenhuma parte desta obra pode ser reproduzida ou transmitida por qualquer forma e/ou quaisquer meios (eletrônico ou mecânico, incluindo fotocópia e gravação) ou arquivada em qualquer sistema ou banco de dados sem permissão escrita da Editora.

ISBN 978-65-5504-400-3

© EDIÇÕES LOYOLA, São Paulo, Brasil, 2024

110930

Dedicatória

Aos meus filhos Cláudio (*in memoriam*), Gabriel e Ana Clara, pelo tempo de brincarmos que me emprestaram para escrever a nossa história.

A minha esposa Patrícia, pela difícil missão de ser esposa de um médico, o que exige muito mais do que todo amor do mundo.

A minha mãe Sônia, e à memória de meu falecido pai José Silvério, porto seguro em meio a tantas tempestades.

Aos meus familiares e amigos, que acreditaram na minha fé e em tantas outras possibilidades, em especial a Cláudia, Rubens e Bartolomeu Soares.

Aos amigos que se tornaram mais do que irmãos, pela bondade de seus corações, pela pureza de suas intenções e pelo incentivo à caminhada, em especial a Willian Carvalho, Marisa Miranda, Rogério e Roberta Gabriel, Roberta Campos, Ana Cristina Amorim e Roberto Bertoli.

Ao professor Eduardo Leão, pela alegre e emocionante correção desta obra.

Ao amigo e irmão em Cristo, Padre Paulo Dionê Quintão, a quem devo grande parte da formação da minha fé e do meu caráter.

Ao Padre João Henrique, meu pai espiritual, a quem deposito toda obediência e transparência de minhas atitudes.

Aos meus pacientes, que entenderam a minha missão e foram sempre "pacientes" comigo.

Cláudio José Coelho Bomtempo

Sumário

Apresentação 9
Uma reflexão sobre a presente obra 11
Prefácio à segunda edição 13
Prefácio 17
Introdução 19

1 O que o meu coração aprendeu 21
2 Como tudo começou... 23
3 A primeira história 25
4 No meu coração de criança 27
5 No meu coração de adolescente 31
6 Os livros de oração 33
7 A resposta à minha carta 37
8 Os amigos que compartilhamos 39
9 A primeira vez que estive na casa de Lola 43

10	Atendendo ao primeiro pedido de Lola	47
11	Aqui começa a minha história como médico de Lola	51
12	A primeira visita médica	53
13	Outro testemunho médico	63
14	Visitas nos anos de 1995 e 1996	67
15	Um diálogo marcante	69
16	Cicatrização de feridas	75
17	A gratidão de Lola	81
18	Uma competência a mais	85
19	Presente de casamento	91
20	Luz em nossas vidas	99
21	Cuidados especiais	105
22	Uso de medicamentos	109
23	Avaliação cardiológica	113
24	O abandono da medicação	115
25	A última visita	117
26	O céu está em festa	123

Epílogo	125
Novena eficaz ao Sagrado Coração de Jesus	127
Oração pela beatificação de Lola	129

Apresentação

Desejo externar agradecimento ao Dr. Cláudio José Coelho Bomtempo pelo serviço que está prestando a tantos amigos e admiradores de Dona Floripes Dornelas de Jesus, conhecida como Dona Lola. Todos que a conhecemos temos o anseio de saber ainda mais sobre sua vida virtuosa e aqui temos a resposta a nossos pedidos: a obra do Dr. Cláudio Bomtempo.

Louvo a seriedade do trabalho, o respeito e o interesse pela pessoa de Dona Lola, bem como o zelo em divulgar sua vida. Esta publicação abre portas para novos estudos que, certamente, vão convergindo para colocar ainda mais em evidência a pessoa de vida santa que é Dona Lola.

Respeitando todas as orientações da Igreja, aguardamos seu futuro pronunciamento, mas tudo indica que Deus vai manifestando a beleza da vida espiritual de Dona Lola para edificação de todos nós.

Ao Sagrado Coração de Jesus e a Nossa Senhora confio o caminho que o processo das virtudes de Dona Lola há de percorrer e peço a Deus que recompense o empenho exemplar do Dr. Cláudio Bomtempo.

Dom Luciano Mendes de Almeida
Arcebispo de Mariana, MG
(1930-2006)

Uma reflexão sobre a presente obra

"Quem procura é o cérebro, mas quem encontra é o coração" é um ditado atribuído a Platão, o grande filósofo da Grécia antiga.

Dr. Cláudio Bomtempo, amigo e médico de Lola, mergulhou fundo nas linhas e entrelinhas da luminosa biografia dessa mulher virtuosa, sofrida e ardorosa devota do Coração de Jesus e de Maria.

Aos 19 anos, Lola sofreu um acidente que mudou o rumo de sua existência. Ao cair de uma jabuticabeira, com os rins e a coluna vertebral seriamente afetados, paraplégica, seus dias e suas noites transformaram-se num calvário cotidiano, marcado por dores intensas. Ela já não sentia fome, nem sono, nem sede. Sem jamais perder o bom humor e a paz, Lola rezava a liturgia das suas vinte e quatro horas diárias no altar da fé, da esperança, da solidariedade.

Virtuosa, eucarística, serviçal e acolhedora, profunda devota do Sagrado Coração de Jesus, Lola, ou melhor,

Floripes Dornelas de Jesus, deixou-nos um exemplo maravilhoso de vida, de compromisso com o evangelho.

No silêncio de seu quarto de alegrias e sofrimentos, a imagem do Sagrado Coração de Jesus e o sacrário iluminado davam-lhe forças, motivação espiritual. Ventos adversos não abatiam seu ânimo jovial, seu sorriso contido, quase místico, atemporal. Em sua inabalável confiança no Sagrado Coração de Jesus, repetia assiduamente aos que a visitavam: "as crianças correm para junto dos pais, porque neles encontram proteção. Nós também devemos corres para perto de Jesus".

Lola, uma vida simples, virtuosa, profundamente bela e de uma eloquência desconcertante. Inspirado, terno e perspicaz, Dr. Cláudio Bomtempo nos transmite, em boa hora, os tesouros que seu coração de médico e amigo garimparam na *mina de ouro espiritual* que, no chão de Rio Pomba, existiu por décadas... e só agora estamos descobrindo, com imensa alegria e imorredoura gratidão.

Pe. Roque Schneider, SJ
Diretor Nacional do Apostolado da Oração
(1933-2023)

Prefácio à segunda edição

Este livro, agora publicado pelas Edições Loyola, traz em suas páginas a história de Floripes Dornelas de Jesus (1913-1999), uma leiga nascida em Mercês e falecida em Rio Pomba, duas localidades situadas no Estado de Minas Gerais. A história apresentada nas páginas deste livro é narrada pelo seu amigo e médico, o Dr. Cláudio Bomtempo.

Dona Lola – esse era o apelido de Floripes – teve uma experiência mística comparável à da Bem-aventurada Alexandrina Maria da Costa (1904-1955), uma leiga portuguesa da União dos Cooperadores Salesianos e que ficou conhecida também como Alexandrina de Balazar.

De fato, na primeira metade do século XX, em Póvoa de Varzim – lugarejo do norte de Portugal em que Alexandrina transcorreu boa parte de sua vida –, ela vivenciou uma experiência mística que deixou boquiabertos a muitos: fugindo de alguns malfeitores que haviam invadido a casa onde ela estava e que queriam abusar de seu corpo, para se defender ela pulou de uma grande altura acarretando lesões em sua coluna que fizeram com que tivesse a perda dos movimentos dos membros inferiores. Presa a maior parte do tempo a uma cama, aos poucos ela foi tendo uma experiência mística: vivenciando em seu corpo a Paixão de Cristo, aos poucos foi deixando de comer e de beber para se alimentar apenas da Eucaristia; experiência que durou mais de dez anos, e foi até o fim de sua vida.

A experiência de Lola apresentou traços similares à de Alexandrina: por causa de uma queda do alto de uma árvore, ela teve danos na medula espinhal que a deixaram paralisada da cintura para baixo, ficando relegada a viver deitada em uma cama. Assim como Alexandrina, Lola experimentou em seu corpo grandes sofrimentos físicos e começou – como assevera o testemunho do Doutor Cláudio – a nutrir-se apenas da Sagrada Eucaristia, sem ingerir qualquer outro tipo de substância sólida ou líquida. Além de ter deixado de se alimentar, feita exceção para a Eucaristia, ela também deixou de dormir, vivendo em perene estado de vigília. Por fim, tanto Alexandrina quanto Lola tinham especial devoção e veneração ao Sacramento da Eucaristia custodiado no Tabernáculo.

Em relação a Lola, afora as manifestações extraordinárias aqui relatadas – e que deixamos para o julgamento e a prudência da competente autoridade eclesiástica – gostaria de salientar algo que me pareceu muito importante na vida dela: além dos aspectos taumatúrgicos e de toda sua vida de devoção, ela apresentou duas virtudes características dos santos, a obediência e a humildade.

De fato, sabemos que diante da divulgação do que havia ocorrido com ela – ou seja, de que havia uma moça que não comia, nem bebia e sequer dormia, alimentando-se apenas da Eucaristia – houve, como era de se esperar, uma movimentação enorme de pessoas que iam em caravanas a Rio Pomba, para a casa de Lola. Essas pessoas, movidas seja por curiosidade, seja pelas mais variadas motivações – havia quem buscasse um conselho ou palavras de conforto, mas havia muitos que queriam um milagre de Deus por meio da intercessão de Lola – começaram a organizar verdadeiras e próprias romarias.

Ao saber disso, o então Arcebispo de Mariana, Dom Helvécio Gomes de Oliveira, solicitou a Lola que houvesse a interrupção imediata dessas caravanas e houvesse uma maior discrição: ele foi prontamente atendido, e Lola, desde então, levou uma vida discreta e afastada dos holofotes.

Em contrapartida, é preciso dizer que ela não foi abandonada pela Igreja, mas esteve sempre acompanhada, seja pela presença de sacerdotes que celebravam os sacramentos em sua casa, haja vista sua impossibilidade física de ir à igreja, seja pelas visitas que ainda ocorriam, mas em pequenos grupos ou individualmente. O mais interessante é que nesses encontros breves Lola quase nunca falava de si, nunca utilizava desses momentos para se autopromover, mas recomendava às pessoas a devoção ao Sagrado Coração de Jesus.

De fato, sendo do Apostolado da Oração, ela fazia questão de cultivar de modo ainda mais forte entre as pessoas que a visitavam a devoção ao Sagrado Coração de Jesus: sempre convidava todos a fazerem a divulgação e a vivenciarem em primeira pessoa essa devoção. Aliás, como já acenado, era essa devoção que a mantinha viva e serena, apesar de suas dores físicas e de sua paralisia. Era tão grande seu empenho devocional que um grupo masculino do Apostolado da Oração chegou a ser criado em Rio Pomba.

Para além de qualquer pronunciamento oficial por parte da Igreja, baseado no relato e no testemunho singelo do Doutor Cláudio, parece-nos entrever no exemplo de Lola – mas também no de Alexandrina, que foi já reconhecido oficialmente pela Igreja – uma figura importante que faz presente a realidade para a qual todos nós somos chamados.

Diz o livro do Apocalipse que aqueles que farão parte da Jerusalém celeste "já não terão mais nem fome, nem sede. Nem o sol nem calor algum pesará sobre eles. Porque o Cordeiro que está no meio do trono será o seu pastor e os levará às fontes das águas da vida. E Deus enxugará toda lágrima de seus olhos" (Ap 7,16-17).

Nesse horizonte da fé cristã, Alexandrina e Lola são, a meu ver, duas prefigurações daquilo que será o nosso destino último: viver em plena comunhão com o Deus Trindade, na plenitude, sem as limitações que hoje nos são dadas pela dimensão corporal.

Elas, de algum modo, anteciparam fisicamente aquilo que Cristo havia levado à plenitude por meio de sua Ressurreição e que o Apóstolo já havia anunciado pela profecia, a saber, que nossos corpos serão transformados (cf. 1Cor 15,51 ss.).

Que o exemplo de Lola possa nos ajudar também a viver uma vida simples, sem alardes e sempre confiantes no Sagrado Coração de Jesus!

Pe. Eliomar Ribeiro, SJ
Diretor Nacional do Apostolado da Oração

Prefácio

Está chegando às suas mãos *O que o meu coração aprendeu*. Preciosa obra, fruto do testemunho de fé do Dr. Cláudio José Coelho Bomtempo e de sua convivência com Floripes Dornelas de Jesus, mais conhecida como Lola.

Nasceu assim, do jeito que você está vendo: sugestivo já em seu próprio título. Este livro deseja ser um elo para nos aproximar mais e mais da beleza de uma vida encantadora, cuja mística chamou-nos a atenção.

Quase no apagar das luzes do século XX, um farol se acendeu ao lado do trono de Deus, ou melhor, transferiu-se para lá. De fato, a vida de Lola sempre foi uma chama de caridade que se desponta da fornalha ardente de amor: o Sagrado Coração de Jesus. Para lá ela mudou-se definitivamente em nove de abril de 1999. A bem da verdade, ela já estava muito mais lá do que aqui, em sua *via crucis* humana, feita de muitos calvários de sofrimentos, transfigurados pelo Tabor de quem experimentou em profundidade a presença do Senhor e da Senhora: o Ressuscitado e a Santíssima Virgem Maria.

O autor ocupa uma posição privilegiada para escrever tópicos essenciais da história de Lola. Dificilmente encontraríamos outra pessoa tão adequada para dar o testemunho contido nas páginas desta obra. Confesso que bebi com avidez o conteúdo deste livro. É ímpar o modo como é feita a abordagem.

Afinal, as raízes familiares de Dr. Cláudio encontram-se em Rio Pomba, Minas Gerais. Desde sua infância, Lola faz parte de suas reflexões. Outro aspecto importante: trata-se de um homem de profundas convicções de fé, que exerce o protagonismo laical por meio de um apostolado constante, fortalecido por sua vida eucarística exemplar. Deus demonstrou uma vez mais a sua ternura para com ele e para com Lola, aproximando-os ao ponto de criar mais um elo entre eles: o da relação médico-paciente.

Você é convidado(a) a mergulhar de verdade nesta jornada. Saber um pouco mais sobre como a glória de Deus se manifestou na vida de Lola, aqui sob a iluminação de um depoimento recheado de laudos médicos e descrição de episódios simples e profundamente belos.

Puxando o fio da história da existência de Lola, o Dr. Cláudio mexe no carretel das emoções de quem a conheceu e faz surgir muitas outras linhas de uma infinidade de pessoas que poderão apreciar uma vida que continua resplandecendo na presença de Deus, fazendo-nos inclusive tanto bem.

Neste livro você verá que a história da Lola é de fato um tributo ao Sagrado Coração de Jesus e a Nossa Senhora. Deus recompense o Dr. Cláudio Bomtempo, a quem dedico a mais sincera e profunda amizade, por nos oferecer estas páginas de uma vida tão bonita, proclamadas aos que tiverem o privilégio de saboreá-las.

Pe. Paulo Dionê Quintão

Introdução

O *que o meu coração aprendeu* é a narração de fatos vividos por mim, não só a partir de meu olhar de médico, mas também como o de um amigo, que esteve presente em alguns momentos especiais da vida de uma pessoa muito especial.

Não se trata de um livro polêmico, mas de um grande apanhado de lições de vida, de fé e de coragem, que só os corações abertos ao inesperado, ao que é compreensível apenas sob a luz da fé, poderão desfrutar por completo.

Trata-se do que realmente meu coração aprendeu nos anos de convivência com Floripes Dornelas de Jesus, a Lola.

Quando digo que é o que o *meu* coração aprendeu, quero dizer que não é necessária a crença do caro leitor para os fatos narrados, porque as coisas do coração nem sempre compreendemos e é difícil crer naquilo com o que não pactuamos… Exceto por meio de algo grafado com uma palavra tão pequena, de duas letras: "Fé". Essa palavrinha é que permite ao nosso coração crer, ou não, naquilo que aprendemos.

Este livro é, então, exatamente isso: as lições de vida que pude aprender com alguém tão especial, à luz da minha fé, independentemente de ser médico, cristão ou amigo de Lola. Não é um livro para se acreditar ou desacreditar, porque não é este o sentido, mas é uma semente a ser plantada e destinada a brotar no coração dos que têm fé e são sensíveis aos sinais concretos da existência de Deus.

1
O que o meu coração aprendeu

Quando buscava o título ideal para esta obra, desejava que ele expressasse realmente o que fora a minha convivência com Lola. Em um determinado momento da escrita, veio-me à mente o quanto a presença de Lola modificara a vida de tantas pessoas.

Existem várias formas de se modificar a vida de uma pessoa, mas nenhuma é mais justa e mais louvável do que através do aprendizado, do conhecimento, da busca pelo crescimento através do saber. Porque esta é a maneira mais espontânea de criar a possibilidade da mudança, de descobrir novos horizontes, de conhecer o verdadeiro sentido da vida: a busca pelo conhecimento. Entretanto, o conhecimento por si só não basta, e faz pouco sentido. O aprendizado tem o poder transformador quando se coloca o coração à frente de tudo.

O que o meu coração aprendeu é o retrato do aprendizado através do amor e da fé, ministrado através de aulas práticas de humildade, sabedoria, renúncia, oração, e muita, muita fé por parte da mestra Lola.

Grande parte de tudo o que ouvi de outras pessoas sobre a Lola era a pura verdade, com todas as opiniões próprias abraçadas carinhosamente à verdade.

Outra parte do que ouvi, tratava-se de fantasias criadas pelo desconhecimento da real missão de vida da Lola. Muitos imaginavam-na como alguém com poderes extraordinários, com a capacidade de mudar o destino, de curar os enfermos, de conceder ou não aquilo que a ela fosse solicitado. Grande fantasia. Lola tinha sim apenas um poder extraordinário: sua fé! Fé que dava a ela – e poderia dar a qualquer um de nós – o poder de realizar tudo o que quisesse.

É certo que além da fé, Lola tinha dons especiais, que só apareceram porque ela os desenvolveu. É verdade que todos nós podemos desenhar, mas só quem é artista pode fazer um desenho atingir o nível de uma obra de arte. Ora, Lola era uma artista da fé!

Uma última parte de tudo o que ouvi, tratava-se da verdade nua e crua sem o sentido que ela gostaria que tivesse, sem o sentimento que unia tudo o que era dom especial ou não à luz da fé, ao que a permitiu, silenciosamente, mudar tantas vidas, suportar tanta dor e semear tanto amor. Amor este que continua a arborizar corações, florescer sentimentos e frutificar a esperança nos corações daqueles que a conheceram pessoalmente ou ouviram sua história.

2
Como tudo começou...

Minha história com Lola começou há muitos anos, ainda quando eu era criança, quando ainda não tinha muito discernimento entre o que é realidade e o que é fantasia criada para educar, assustar ou mesmo supervalorizar alguma coisa realmente incomum. Cresci ouvindo fatos, histórias, absurdos, verdades sem fé e verdades com fé, caricaturas, comentários desumanos e sensacionalistas, assim como narrações de milagres, muitos milagres.

    Naquela época, tendo eu aproximadamente sete anos de idade, ouvi falar da história de uma menina que caíra de um pé de jabuticaba no quintal de sua casa e que começara a "ficar sem comer, sem dormir e passara a fazer milagres", era o que diziam.

    Mas esta definição tão simplória, tão objetiva, tão sem tudo o que o Lola trazia, não parecia me satisfazer, eu sempre quis saber mais, sempre com o maior respeito por tudo o que ouvia sobre ela. Mas tinha certeza de que alguma coisa muito mais profunda estava por detrás de tantas histórias fantásticas, de tantos mitos, e de tantas graças alcançadas a ela atribuídas. É muito mais fácil para as pessoas aumentarem um fato, colocando suas próprias opiniões, valorizando o que lhes convém, do que realmente preservar a realidade, a verdade. É por isso que ilusões são transformadas em realidade, intrigas se tornam guerras, boatos se tornam fatos, e, dessa forma, a essência da verdade é esquecida e transformada naquilo que as pessoas querem, ainda que com boa intenção.

Buscando desde criança entender quem era Lola, sabia que ela vivia na cidade de Rio Pomba, em Minas Gerais, e que era amiga de infância de minha avó paterna. Pode parecer que este fato justifique o início de minha história com a Lola, ainda mais que a fazenda onde ela vivera fazia divisa com a fazenda onde minha avó – e também meu pai – nasceu. Mas na verdade, isso é apenas um detalhe em tudo o que me aproxima da existência de Lola, a não ser pelo fato de escutar de uma testemunha ocular a narração de histórias da infância e da adolescência de ambas, demonstrando a simplicidade de uma vida humana, escolhida para ser um sinal claro e indiscutível do poder da fé e da existência de Deus.

Quando chegavam as férias, íamos à Rio Pomba, onde escutava algumas das histórias sobre Lola, recheadas de muito suspense, de grande respeito, com certa dose de sensacionalismo e de orgulho por aquela cidade abrigar alguém tão especial. Histórias como a que narro a seguir, sem a intenção de dizer se é verídica ou não, se aconteceu ou não exatamente assim, mas apenas de exemplificar como eram as primeiras histórias que ouvi sobre a "Santa Lola".

3
A primeira história

Conta-se que havia um homem que definitivamente não acreditava em Deus. Mais do que isso, além de não acreditar, ele vivia zombando daqueles que acreditavam, e por ser morador da região onde vivia Lola, ela também era motivo de suas críticas religiosas. Certa vez este homem sofreu um grave acidente de carro. Ao capotar, teria sofrido, além de vários traumatismos, um ferimento em uma de suas pernas, que teria sua cura retardada em relação aos demais ferimentos. Passados vários meses, sem melhora do ferimento e com uma grande necrose de tecidos ao seu redor, os médicos cogitaram a hipótese de uma amputação da perna. Desesperado, tendo passado por vários médicos em toda a região, mantido em uma cadeira de rodas, e ainda com a convicção de que Deus não existia, ouviu de alguém que deveria procurar a Lola, que certamente ela o ajudaria. Descrente de tudo e até da sua melhora, aguardou até o último instante possível para procurá-la, com os argumentos de que: "O pior que pode me acontecer é continuar piorando...", "não tenho nada a perder…", "já tentei de tudo, agora o que vier é lucro…". Por intermédio de pessoas conhecidas, conseguiu que ela o atendesse. Naquele dia, ao chegar à porta do quarto de Lola, viu a porta se abrir sozinha e, ajudado por alguém, entrou e ouviu dela as seguintes palavras:

"Eu estava esperando você. Há algum tempo…"

"Eu vim porque os outros insistiram."

"Eu sei, são pessoas de fé."

"E o que a Senhora pode fazer por mim?"

"Eu nada. Mas o Sagrado Coração de Jesus fará!"

"Mas, com todo o respeito, eu não acredito em nada disso."

"Sim, você será curado não pela sua fé de hoje, mas para que você nunca mais duvide do poder de Deus. Por isso, em alguns dias, você voltará aqui para agradecê-lo e nunca mais duvidará da sua existência. Passe este óleo em volta da sua ferida."

Em poucos dias, este homem retornou andando sem ajuda ao quarto de Lola, ele vinha agradecer a graça e tornar-se um dos maiores exemplos de fé daquela época, cumprindo o que ela havia previsto.

Acredito na essência dessas histórias por tudo o que descrevo neste livro, por todos os depoimentos colhidos, mas também pela forma direta e clara de falar de Deus que Lola tinha. Conhecendo Lola, sua humildade e sua capacidade de tocar as pessoas pela sua fé, acredito que tudo isso realmente aconteceu.

4
No meu coração de criança

A primeira vez que me contaram como Lola vivia, pela minha idade propensa a fantasiar, fiquei chocado. Passei vários dias sonhando com aquilo, com o que a minha imaginação conseguiu criar, a partir das descrições dos que a conheciam, ou ouviram falar (certamente acrescentando suas opiniões). Contaram-me que ela vivia numa cama sem colchão, num estrado, que não se movia de forma alguma, tinha uma varinha de bambu para acender a luz do quarto. Não comia nada, não bebia nada, só rezava. Era muito magra e sofria muito. Minha imaginação de criança transformou essas cenas em pesadelos que eu consegui desfazer rezando muito pelo "sofrimento" dela. Rezava para que Deus tivesse pena dela, que ele não a deixasse sofrer tanto, porque ninguém merecia isso.

    Nossa pureza de criança nos faz acreditar em qualquer coisa que os adultos digam, ainda mais se forem chocantes. Não que Lola não tivesse essa limitação de deslocamento, ou até algum sofrimento pelas dores que sentia, mas esse pesadelo descrito a mim pelas pessoas não existia para Lola. Ela não comia nada, não bebia nada, não dormia e era muito magra, mas nada disso era com sofrimento, mas como ela humildemente repetia para quantos quisessem escutar: "Não é que eu não coma nada, eu não sinto fome! Não é que eu não beba nada, eu não sinto sede! Não é que eu não durma, eu não sinto sono!".

Isto demonstra que ela não sentia nenhum desconforto ou sofrimento em não comer, ou não beber, ou não dormir, isto porque ela não tinha todas estas manifestações diferentes do normal como um sacrifício, mas sim como um dom de Deus. E ela relatava que permanecia desde maio de 1943 nestas condições.

E assim cresci, ouvindo as histórias sobre Lola. Fiquei sabendo também que meu nome e o de minha irmã (Cláudio e Cláudia) foram atribuídos a nós após uma consulta a ela. Era um costume da época perguntar-lhe qual o nome dar aos filhos, daí vieram os "Cláudios", as "Cláudias" e as "Margaridas". Nomes mais indicados pela Lola.

Certa vez, brincando com minha irmã e alguns primos na Fazenda do meu tio-avô Antônio Rosa Soares, vizinho e amigo de Lola, subimos até o alto de um pasto, que pouco mais à frente faria divisa com as terras da família de Lola. Era para nós motivo de suspense chegar tão próximos do que não conhecíamos. Brincávamos de fazer piquenique, de descascar laranjas, de chupar jabuticaba no pé, de andar descalço na terra fofa, enfim, de tudo o que crianças acostumadas com a vida na cidade adoram fazer nessas situações. No meio de uma dessas investidas aos pastos próximos à divisa da fazenda, encontramos algumas pessoas que passaram por nós, seguindo uma trilha formada certamente há muitos anos, e que levava-as na direção da fazenda vizinha. Aquelas pessoas estavam bem vestidas demais para andarem no meio do pasto, seguindo uma trilha tão cheia de terra, sujando suas roupas e seus sapatos ou chinelos. Curiosos, perguntamos para onde elas iam. A resposta, um pouco tímida, era dada com um certo suspense e muito respeito: "Vamos até a Lola".

Na minha cabecinha de criança as coisas estavam confusas. Como aquelas pessoas eram corajosas! Andarem tão rápidas e tão decididas na direção de alguma coisa que eu não sabia bem o que era, mas naquele momento, me parecia assustador. Na realidade, aquelas pessoas, certamente da confiança de Lola, iam para participar de missas realizadas em sua casa. Muitos, como eu, assistiram à missa na sala de jantar da casa, de frente para a porta do quarto de Lola, na maioria das vezes nas primeiras sextas-feiras de cada mês, dia dedicado ao Sagrado Coração de Jesus. Muitas daquelas pessoas que por ali passavam faziam aquele trajeto difícil guiadas por sua fé, inspiradas na fé de Lola.

5
No meu coração de adolescente

Sem dúvida alguma eu alimentava uma grande curiosidade de conhecer uma pessoa tão especial, uma "santa" segundo a acepção da palavra. Quando eu estava com aproximadamente 15 anos, movido pela minha fé, que começava a se tornar verdadeiramente consciente, resolvi escrever uma carta a Lola. Houve primeiro um momento de dúvida. O que escrever? Por que escrever? Para que escrever? E tantas outras coisas que já não me lembro mais. Estava certo apenas de que precisava dizer a ela que sabia que ela existia, que eu acreditava na sua fé e em tudo o que essa fé era capaz de fazer. E assim o fiz, escrevi sobre coisas que um adolescente sempre escreve, como: ajude-me a descobrir a minha verdadeira vocação; ajude-me a descobrir o que eu preciso para ser feliz; proteja minha família; reze para que eu passe de ano na escola etc. Escrevi como se falasse com Deus, escrevi como se estivesse entregando pedidos nas mãos de Deus. Certamente, quando leu a carta, Lola, com a doçura e com a sabedoria que lhe eram pertinentes, imaginou que a maneira correta de alcançar tais graças era falar direto com Deus, para pedir não a graça, mas a luz para os meus pensamentos e a clareza para, à luz da minha fé, discernir entre o certo e o errado, entre o que era bom ou ruim para a minha vida, o que seria perigoso ou não para alcançar a minha felicidade. Digo tudo isso porque Lola não respondeu minha carta, certamente muitas pessoas também não receberam resposta na forma escrita dos pedidos feitos a ela, mas receberam-na em forma de oração e de graças e até mesmo na forma de um silêncio que queria dizer muita coisa. Essa carta foi entregue pelo meu irmão em Cristo, Padre Paulo Dionê Quintão, uma das pessoas mais presentes na vida de Lola, no ano de 1985.

6
Os livros de oração

Lola recebia muitas cartas e pedidos de graças vindos de vários locais do Brasil, pedidos de pessoas que através de seus parentes ficavam sabendo da fé de Lola no Sagrado Coração de Jesus e das tantas graças alcançadas. Geralmente as respostas a essas cartas voltavam com as pessoas que as trouxeram, com palavras de otimismo, com pedidos de fé no Coração de Jesus e com orações orientadas por um livrinho de capa rosa, com orações antigas, algumas até de difícil compreensão, mas que faziam parte da seleção de Lola.

Muitas pessoas receberam esses livrinhos, às vezes acompanhados de terços, às vezes de pequenas medalhas do Coração de Jesus ou de Maria, às vezes acompanhados de algum trabalho manual feito por ela, as vezes acompanhados de pequenos anéis de prata com a imagem do Coração de Jesus ou de Maria. O que acompanhava o livrinho não era escolhido pela importância dos pedidos ou das necessidades das pessoas, mas pela disponibilidade do que era confeccionado ou impresso. Pessoas caridosas enviavam a ela, ou ela mesmo mandava confeccionar através de um amigo ou amiga, que já sabia da sua necessidade. Os recursos financeiros para tais aquisições vinham da pequena atividade agropecuária que existia na fazenda. Venda de leite, gado e plantações. Tudo realizado pelo seu amigo de confiança, o Tonho. Algumas vezes pude ouvir também as opiniões do Padre Paulo Dionê a respeito dos problemas da fazenda, inclusive o desejo expresso por Lola de que, na sua ausência, seus bens fossem usados em obras que divulgassem a fé no Sagrado Coração de Jesus.

Os pequenos livrinhos que Lola distribuía, *A grande promessa do Sacratíssimo Coração de Jesus*[1], era uma tradução do italiano, com autorização do autor por uma zeladora do Apostolado da Oração. Trazia em sua capa a seguinte mensagem:

> A todos os que comungarem na primeira sexta-feira em nove meses consecutivos, eu prometo a graça da penitência final: eles não morrerão no meu desagrado, mas receberão os santos sacramentos e o meu coração será para eles asilo seguro naquele momento extremo.

Na contracapa do livrinho, continha o que era para mim, uma das coisas que mais chamavam a atenção naquele contexto: a dedicatória escrita por Lola com a sua letra e impressa em todos os livrinhos. Sua caligrafia apresentava os contornos firmes de uma letra que eu chamaria de, no mínimo, "simpática". Em seu texto ela sempre pedia que se lembrasse de Dorvina, sua irmã. Dorvina cuidou de Lola por

---

1. JESUS, Frei Salvador do Coração de, *A grande promessa do Sacratíssimo Coração de Jesus*, São Paulo, Loyola, ⁹⁴2013. (N. do E.)

vários anos, até que veio a falecer. Lola sempre pedia que rezássemos por Dorvina, creio que pela gratidão que ela nutria pelos tantos anos de dedicação e renúncia de sua irmã.

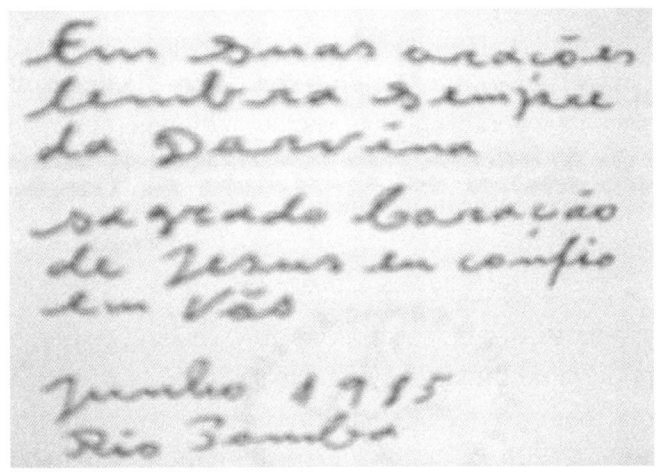

Dedicatória dos livrinhos de oração:
"Em suas orações lembra sempre da Dorvina
Sagrado Coração de Jesus eu confio em vós
Junho 1985
Rio Pomba".
(Foto: Dr. Cláudio Bomtempo, acervo pessoal)

Este livrinho que Lola distribuía, certa vez foi motivo de uma conversa muito agradável entre Lola e mim. Sempre que eu estava com ela, ao me despedir, ela recomendava que eu levasse certa quantidade de livrinhos para o consultório e os distribuísse aos meus pacientes, conforme achasse que pudessem ser úteis. Foram muitos pacotes levados e muitas pessoas alcançadas pela fé de Lola. Em um daqueles dias, ao me despedir dela e receber carinhosamente o pacote com os livrinhos, Lola abriu um dos livrinhos e me disse:

"Dr. Claudinho, este livrinho é muito importante na vida das pessoas, sei que às vezes elas não têm paciência para ler tudo o que está escrito aqui, mas eu te peço: Peça às pessoas que leiam pelo menos a novena no final do livro, a *Novena eficaz ao Sagrado Coração de Jesus*. Diga a elas que tudo o que for pedido, com fé, através desta oração, será atendido. Pode acreditar no que eu estou lhe dizendo, confie, muitas pessoas são e serão curadas por acreditarem nesta oração. Você também, Doutor, acredite nisso e reze pelos seus pacientes, entregue-os ao Coração de Jesus que ele tem a cura para a alma".

Assim era Lola: sempre com palavras fortes, com exemplos práticos e diretos sobre a importância da fé e sobre o que esta poderia modificar na vida das pessoas. Aquelas palavras de Lola sobre a novena eficaz ao Sagrado Coração de Jesus ficaram gravadas muito fortemente em minha memória. Posteriormente, fui confirmando o que ela disse com pessoas em quem eu sentia suficiente abertura para falar sobre a importância da oração, da cura do corpo e da alma. Surpreendi-me muitas vezes com a eficácia da novena na minha vida e na vida de tantos para quem levei. Parece-me que a novena renova também a esperança das pessoas, há toda uma mística ao redor disso, mas existe uma verdade incontestável: o otimismo e a crença em dias melhores, expressos como uma promessa, feita à luz de um sinal visível da existência de Deus, como era Lola, tem o poder sim, de curar almas!

7
A resposta à minha carta

Como até aquela época eu não recebera nenhuma resposta da carta que escrevi a Lola, desisti de esperar uma resposta mais palpável e acreditei que Deus sabe de tudo o que está no nosso coração. Imaginei que talvez Lola não pudesse escrever, limitada pelos seus problemas de saúde, que talvez não tivesse a mesma facilidade em escrever que as pessoas "menos santas". Cheguei mesmo a imaginar que ela talvez tivesse mais coisas para fazer do que ficar pensando em alguma resposta escrita para uma carta de um jovem que ela nem fazia ideia de quem poderia ser. Além do mais, alguém com tantos pedidos certamente transformaria o meu em mais um em meio a tantos outros, certamente mais urgentes e mais concretos que o meu de adolescente.

Guardei comigo a certeza de que tinha feito a coisa certa. Falar com ela em meu íntimo sobre a minha admiração por sua vida de fé, me fez muito bem, apesar de não ter recebido prontamente uma resposta. Pensava eu que Lola não dera importância para o meu contato, mas eu me enganara.

Ela era realmente muito especial e através de seu silêncio muitas vezes fazia-nos encontrar as respostas para as nossas dúvidas. O tempo entre um pedido feito a Lola e uma resposta concreta poderia ser longo. Não porque ela não estivesse nem aí para quem tivesse feito o pedido, mas porque tinha nas mãos o remédio para curar tantas coisas: a sabedoria do tempo. Lola queria dizer que o tempo muitas vezes responde melhor do que algumas palavras, porque nos ensina a ser pacientes, a entendermos que precisamos dele para amadurecer, e nos faz criar expectativas novas, podendo motivar e mesmo nos curar. O tempo era um dos grandes remédios que Lola usava para si e para ajudar aos outros. Para Lola, o tempo era "um santo remédio".

A resposta à minha carta viria tempos depois, através do Padre Paulo Dionê, mas não em forma de carta, mas sim na de um convite: um convite para conhecer pessoalmente Lola!

8
Os amigos que compartilhamos

Lola era também especial na arte de fazer amigos. Tive a graça de conhecer alguns deles e pude perceber que ela realmente olhava para o coração das pessoas e que por isso descobria indivíduos tão amáveis e disponíveis a Deus. Um destes grandes amigos de Lola foi o Padre Paulo, cabendo aqui relatar os motivos pelos quais ele mantinha tamanha admiração de Lola.

Padre Paulo Dionê Quintão chegou à Paróquia de Nossa Senhora da Piedade, em Barbacena, no ano de 1985 e provocou uma grande mudança na forma de administrar as coisas da Igreja e no relacionamento com os fiéis, acostumados a uma presença mais discreta e conservadora por parte dos padres. Os jovens, percebendo a incrível habilidade do novo padre no que se referia ao "entender de gente", depositaram-lhe toda a esperança. Com seu lema – "A esperança será sempre nossa melhor arma de combate" –, Padre Paulo conquistou não só o carinho da juventude, como também o respeito dos adultos e dos idosos. De Lola, conquistou mais do que tudo isso. Conquistou o carinho, o respeito, a confiança, a admiração e o que era mais marcante entre eles: a amizade pura e sincera.

Lola confiava no padre, no amigo, no homem, no confessor, no administrador, no jovem, no pecador, no irmão Paulo. Talvez ela o tenha admirado tanto em virtude de sua capacidade de ser jovem e ao mesmo tempo tão seguro, tão presente, tão consistente nos pensamentos e condutas, características de quem já havia acumulado mais juventudes. creio que por todas essas características, Padre Paulo conquistou a confiança de Lola, que era também detentora de uma inteligência especial. Ela percebia as coisas no ar, seu pensamento ia um pouco mais além do que poderíamos imaginar. Ela sentia, sim, a presença comprometida ou curiosa das pessoas que apareciam em sua vida. Certamente foi assim que ela descobria os amigos. Foi assim com a descoberta da presença amiga do Tonho, da Miriam e do Severino, do Padre Galo, do Padre Marcelo, do Padre Alvim, do Padre Jorge Grima, da Terezinha, do Antônio Rosa, do Dr. Romeu, do Dr. Adahilton, do Prado, da Conceição e de tantas outras pessoas que certamente não apenas passaram pela vida dela, mas tiveram uma grande importância no seu dia a dia.

Algumas das pessoas que por lá passaram deixaram registradas suas opiniões sobre o que viram, pois, com o consentimento de Lola, fora aberto pelo Padre Paulo um livro para esse fim:

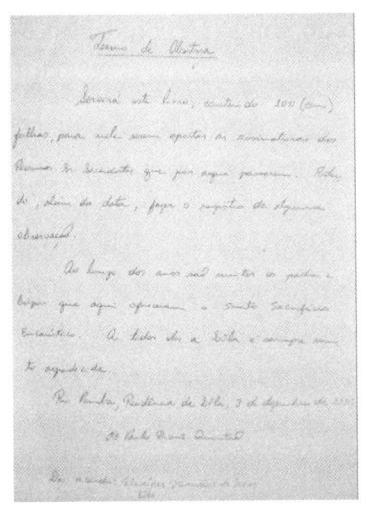

Termo de abertura do livro de visitas.
(Foto: Dr. Cláudio Bomtempo, acervo pessoal)

Uma mensagem do Cônego Jorge Grima em 1996:

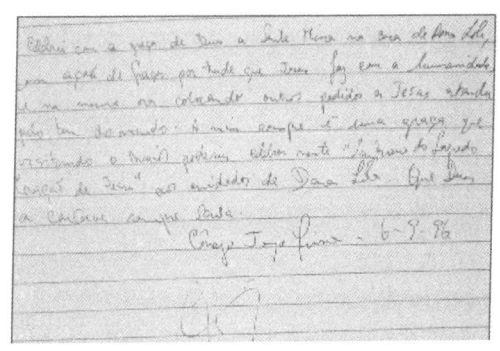

"Celebrei com a graça de Deus a Santa Missa na Casa de Dona Lola, em ação de Graças por tudo que Jesus fez com a humanidade e na mesma hora colocando outros pedidos, que Jesus atenda pelo bem do mundo. A mim sempre é uma graça quando, visitando o Brasil, podemos celebrar neste 'Santuário do Sagrado Coração de Jesus' aos cuidados de Lola. Que Deus a conserve sempre santa."

Cônego Jorge Grima, 6 set. 96
(Foto: Dr. Cláudio Bomtempo, acervo pessoal)

Um registro do amigo Dr. Frederico M. do Prado:

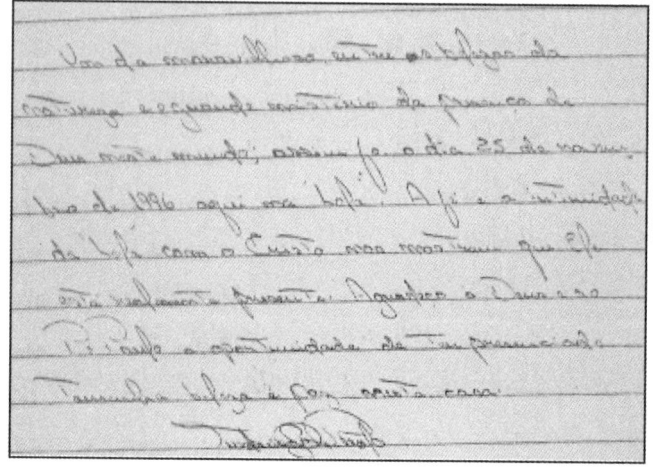

"Um dia maravilhoso, entre as belezas da natureza e o grande mistério da presença de Deus neste mundo, assim foi este dia 25 de novembro de 1996 aqui na Lola. A fé e a intimidade de Lola com o Cristo nos mostram que ele está realmente presente. Agradeço a Deus e ao Pe. Paulo a oportunidade de ter presenciado tamanha beleza e paz nesta casa."

Frederico M. do Prado
(Foto: Dr. Cláudio Bomtempo, acervo pessoal)

9
A primeira vez que estive na casa de Lola

Do Padre Paulo partiu o convite para que eu conhecesse Lola. Conhecedor da minha história de infância relacionada com ela, dos laços existentes entre ela e minha avó e da minha grande vontade em conhecê-la, Padre Paulo formalizou o convite em julho de 1985. Fiquei extremamente emocionado, ansioso e muito feliz por ter recebido aquele convite. Seria o grande momento da minha vida até ali: conhecer a Lola, poder conversar um pouquinho com ela, desvendar os mistérios que cercavam sua existência e que me cobriam de curiosidade. Aliás, esta era, naquela época, a palavra mais forte que motivava a minha ida até ela: curiosidade.

Apesar do respeito e tudo o que a minha fé até aquele momento era capaz de me proporcionar, eu tinha grande curiosidade de conhecê-la. Passei alguns dias após o convite imaginando como seria o momento, como ela realmente seria fisicamente. Quais seriam suas palavras para mim? O que ela poderia me dizer de bom e de ruim? Será que ela me ajudaria a passar no vestibular? E todas aquelas perguntas que nós, mais jovens ou menos jovens, desejamos fazer a Deus ao mesmo tempo. Hoje eu compreendo claramente aquele momento e o descrevo com tanta sinceridade porque sei que Lola compreendia até a minha imaturidade e o equívoco que acompanha as pessoas quando imaginam que a respostas para as perguntas de suas vidas estão nos outros; que os milagres que necessitam em suas vidas estão na fé de terceiros. Não! As respostas estão na nossa fé, na nossa capacidade de acolher aquilo que Deus queira nos dar. Lola apenas inspirava o despertar da fé em cada um. O milagre que todos nós esperamos o tempo todo já havia acontecido há muitos anos, quando a fé de Lola a manteve viva, apesar de todas as limitações.

E chegou o grande dia de conhecê-la. Tudo preparado, todos os pedidos dos amigos e parentes na ponta da língua, recordava a cada instante a sequência do que queria falar, como num exame de consciência antes do confessionário.

Padre Paulo chegou e seguimos para Rio Pomba, a expectativa era grande, talvez por isso a viagem, de aproximadamente uma hora, parecia ter três. Chegamos até a porteira, a famosa porteira que tantos falavam ser o que separava Lola da civilização. Mitos e crenças infundadas iam caindo por terra, depois de mais ou menos uns 300 metros, chegamos à casa da fazenda. Uma casa antiga, uns poucos degraus para o acesso à sala de visitas, quadros nas paredes, um deles trazido do Vaticano com uma bênção do papa, tudo muito simples e antigo. Mas o que mais chamou a minha atenção naquele lugar foi o silêncio e a paz que inexplicavelmente se sentia dentro daquela casa.

Aguardei na sala de visitas enquanto Padre Paulo foi ao quarto conversar com ela. Apesar do silêncio só conseguia ouvir alguns sussurros, ora do Padre, ora de Lola. Naquele momento, chegaram mais algumas pessoas e Padre Paulo convidou-nos para assistir à missa. Entramos para a sala de jantar, onde, no mesmo estilo simples, antigo e aconchegante, colocamos cadeiras próximas à porta do quarto de Lola, que nesse momento estava quase que totalmente aberta, mostrando no interior do quarto um lindo altar com o sacrário bem evidente. Passou-se então à celebração da missa, fiz uma das leituras a pedido do Padre, que ficava dentro do quarto de Lola, de frente para ela. Algumas vezes podia-se ouvir a voz delicada dela, serena, quase um sussurro, comentando alguma coisa sobre as palavras do Padre na homilia ou a responder alguma aclamação. A celebração foi maravilhosa, com palavras de força e coragem do Padre Paulo para Lola, sempre naquela atmosfera de paz e harmonia que havia na casa.

Ao terminar a celebração, Padre Paulo ficou um pouco mais conversando com ela e depois veio até mim, um pouco desconcertado e disse exatamente estas palavras: "Claudinho, Lola disse que ainda não é a hora de você conhecê-la. Disse que fica feliz por você ter vindo até aqui hoje e que gostaria de lhe fazer um pedido: 'Peça a ele, Padre Paulo, que renuncie à vontade de me conhecer hoje, como forma de oração, pelas pessoas doentes. Diga a ele que faça da sua curiosidade uma oração e em outra oportunidade ele voltará'. Ela mandou para você este livrinho do Coração de Jesus e este terço para que você reze com fé no Sagrado Coração de Jesus".

Minha primeira reação diante do que disse meu amigo foi de frustração. Eu esperava algo diferente e quando não estamos preparados para o inesperado, quando não temos maturidade suficiente para compreendermos a dimensão das coisas de Deus, fica-se como eu fiquei no primeiro momento. Voltamos para Barbacena conversando sobre vários outros assuntos relacionados a Lola. Padre Paulo disse que ela se lembrou, sim, de minha carta, de minha avó e que outro dia nós voltaríamos lá. Eu estava um pouco triste, mas naquele momento comecei a compreender as coisas de uma forma diferente e era assim que eu devia assimilar o acontecido, pois uma grande surpresa me esperava no futuro.

10
Atendendo ao primeiro pedido de Lola

Fiz exatamente como ela me pediu, transformei a minha curiosidade em uma grande oração pelos doentes, pedi ao Coração de Jesus a luz, o alívio das dores, o conforto a quem mais precisasse. Às pessoas que me perguntavam, contei como havia sido o encontro, que eu não a tinha visto, mas que havia sentido uma paz muito grande só de estar a poucos metros dela. Era uma sensação diferente e gostosa, de paz, de harmonia, de certeza da presença de Deus por perto e principalmente do despertar da minha fé.

Tempos se passaram, tinha notícias de Lola através do Padre Paulo, sempre dedicado a ela, sempre preocupado em facilitar alguma coisa na sua tão limitada vida física. Quanto aos meus pedidos para Lola, rapidamente as coisas aconteceram, tomei decisões difíceis em minha vida, como a de me mudar sozinho para Belo Horizonte, estudar para o vestibular e alcançar o que eu acabara de definir como minha missão de vida: ser médico!

Digo que as coisas aconteceram rápido, mas não aconteceram de forma fácil. Enfrentei grandes dificuldades de adaptação à vida fora de casa, embora tivesse sempre todo o apoio de meus pais, tudo era novo e arriscado. Lembrei-me dos pedidos de Lola para que eu rezasse e assim aprofundei minha fé no Coração de Jesus. Todos os dias, estudava pela manhã e à tarde no Colégio Pitágoras, que naquela época ficava na rua Espírito Santo. Talvez inspirado pelo nome da rua, descia até a Catedral de São José e me colocava diante da imagem do Sagrado Coração de Jesus. Ficava ali um bom tempo todos os dias, falava sobre meus medos, minhas incertezas, minhas saudades, meus sonhos de profissão, meus sonhos de viver um grande amor, minhas preocupações com as pessoas mais próximas e com aquelas que eu não conhecia, mas que sabia do sofrimento delas. Pedia saúde para Lola e reafirmava o meu propósito de rezar pelas pessoas doentes conforme ela havia me pedido. Exercitava a "sabedoria do tempo" que Lola dominava tão bem. Toda essa rotina vivi durante mais de um ano.

Fui colocando tábua por tábua na ponte que me levava do mar das minhas incertezas até o calmo e tranquilo porto da fé no Sagrado Coração de Jesus. Não tenho dúvida alguma de que tudo isso aconteceu através da semente deixada por Lola, naquele dia que, a princípio, me pareceu frustrante. É que nós, seres humanos, e por isso mesmo imperfeitos, somos imediatistas quando deveríamos ser otimistas e somos muitas vezes pessimistas quando algo não sai exatamente como planejávamos. Muitas vezes nos imaginamos onipotentes (em especial nós, médicos), acreditamos que somos capazes de tudo e que, como hoje temos saúde, a doença jamais irá nos desafiar. Grande erro, pois falta-nos fé, falta-nos humildade para perceber e respeitar nossa fragilidade. Faltanos confiança em Deus. Esquecemos que devemos dar para poder receber, que a nossa vida não é um jogo, e que se o fosse, a fé seria o nosso treinamento, pois é por meio dela que as coisas acontecem. Por meio da nossa fé no que quer que seja é que realmente as coisas acontecem. Lola sempre soube disso. Por isso ela incentivava tanto a fé e a oração. Os pedidos a ela feitos se concretizavam porque sabia que o poder de os tornar realidade estava na fé de cada um, ela apenas motivava as pessoas.

Comigo não foi diferente, logo passei no vestibular de medicina e nos primeiros lugares. Passei meu período de graduação e de pós-graduação no Rio de Janeiro, permanecendo na mesma fé, acreditando no poder da oração e na fé ao Sagrado Coração de Jesus pregada por Lola. Neste período, que durou quase nove anos, obtive muitas graças, que atribuo à minha fé em Deus e nos ensinamentos de Lola. Suportei acidentes automobilísticos, assaltos, desilusões e angústias. Sempre com a certeza de que eu estava no caminho certo e de que eu estava nas orações de Lola.

11
Aqui começa a minha história como médico de Lola

Voltei para Barbacena em definitivo no ano de 1995, que marca o início da minha história mais forte com a Lola. Naquele mesmo ano, para minha surpresa, Padre Paulo procurou-me e disse que Lola lhe pedira para conversar comigo. Você, caro leitor, já imaginou o que significava algo assim? Pode mensurar o significado desse fato? O que queria dizer esse "chamado para conversar"? Significava que Lola, depois de um bom tempo, reconhecia o meu amadurecimento na fé e na profissão. Dava-me a oportunidade de conhecê-la e, mais do que isso, confiava em mim a responsabilidade de cuidar de sua saúde.

    Eu, que em momento algum deixei de fazer o que ela me pedira com relação a oração pelos doentes, estava ali, depois de tantos anos, em condição de acompanhá-la como médico. Mas tenho certeza de que, assim como ela confiava em algumas pessoas, percebendo a pureza de suas intenções, do mesmo modo ela se comportou também comigo: Lola percebeu que era chegada a minha hora de conhecê-la. Mais do que isso, Lola preparou-me espiritualmente para estar com ela desse momento em diante. Preparou-me colocando em minhas mãos a semente da oração e da fé no Sagrado Coração de Jesus. Hoje tenho certeza disso. Certeza de que ela, à distância, me preparou para assumir tamanha responsabilidade, não apenas sob o aspecto médico, mas também sob o aspecto espiritual.

Lola tinha essa percepção das coisas, mesmo que à distância. Por diversas vezes presenciei-a fazendo a descrição de coisas que ficavam fisicamente longe dela, mas das quais falava como se estivessem muito próximas. Falo de imagens que ela afirmava estarem neste ou naquele lugar na casa das pessoas; descrevia ambientes como se os conhecesse, descrevia objetos e sua localização muito fora do seu campo visual. Fazia isso com a maior naturalidade e eu penso até que fazia sem perceber que isso era um dom especial, diferente do que nós, menos santos, estamos acostumados a ver.

Em virtude desse dom de Lola, é que imagino que ela tenha visto a minha dedicação ao seu pedido e, como um agricultor que prepara a terra, planta a semente e espera ansioso a época da colheita, assim ela também fez comigo.

Fiquei emocionado com as palavras de Padre Paulo, procurei me preparar espiritualmente para estar com ela. Pensei que talvez estando espiritualmente bem eu pudesse me aproximar da santidade de Lola. Pura ilusão, sua santidade era uma coisa surpreendente: de um lado, havia grandeza dos dons e riqueza de manifestações, do outro, a humildade e pureza com que ela administrava tudo isso. De um ponto de vista pessoal, eu nunca havia visto alguém que pudesse se aproximar da santidade que vi em Lola.

12
A primeira visita médica

Aceitei o honroso convite e marcamos a visita para o início do ano de 1996. Fomos a Rio Pomba com a missão de conhecer pessoalmente Lola e dar-lhe cuidados médicos. Era à tarde, e assim como da primeira vez, eu estava ansioso, estava na expectativa desse novo encontro. O mesmo trajeto, o mesmo tempo de viagem que, pela ansiedade, parecia muito mais do que realmente era, os mesmos olhares desconfiados dos vizinhos, a mesma porteira, a mesma distância até a casa, a mesma casa, a mesma sala de visitas, a mesma sala de jantar, os mesmos móveis e nas mesmas posições. Tudo conforme vi em 1985. Da mesma forma que da primeira vez, Padre Paulo foi estar com ela primeiro, conversaram e deu-se início à celebração da Eucaristia. Como da outra vez, Padre Paulo dentro do quarto, de costas para o altar e de frente para Lola; à porta do quarto, encontrávamos Miriam, Severino[1] e eu.

---

1. Miriam e Severino eram um casal, ministros da Eucaristia, e eram amigos de Lola. Após a morte de sua irmã Dorvina, eles se dedicaram nos cuidados de Lola.

Após a missa, fui recebido por Lola. Eu tinha as mãos frias, um nó na garganta e olhos cheios de lágrimas. Lágrimas de emoção, de alegria, de sensibilidade pelo momento único que ali eu vivia. Entrei no quarto sem reparar em nada ao meu redor naquele momento, apenas olhava nos olhos dela. Próximo à sua cama, sentei-me em um pequeno banco que ali ficava. Aproximei-me dela, olhar fixo em mim, um doce sorriso no rosto, esticou as duas mãos em minha direção, nos saudamos num aperto a quatro mãos. Beijei respeitosamente suas mãos e permanecendo de mãos dadas com ela, disse-lhe que me sentia muito emocionado por estar ali naquele momento.

Abri meu coração e deixei que as palavras saíssem dele e não mais de minha boca. Descrever este primeiro encontro com Lola, expressando a sua profundidade, emoção e sentimento de paz, é praticamente impossível. Faltam-me palavras para expressar o que realmente aconteceu. A paz transmitida por Lola, seu olhar doce, o silêncio daquele lugar e tudo mais que envolvia aquele instante me faziam acreditar que estava muito perto de Deus, era como se estivesse ali diante do Sagrado Coração de Jesus, e realmente estava. Ela era um "mistério da fé", uma mistura de doçura, sabedoria e humildade, com poder (pela sua fé), autoconfiança e santidade. Tudo isso contido num rosto doce, que aparentava ter menos idade, olhar firme, mãos quentes, pele macia, muito macia, hidratada como se ela ingerisse líquidos normalmente. Tive dificuldade em continuar falando, contido pela emoção do momento, fato que Lola já devia estar acostumada e por isso tratou com tanta naturalidade. Quando percebia que a emoção me prendia as palavras à boca, Lola discretamente entrava com um comentário sobre a beleza de ver a emoção das pessoas quando são sinceras. Aos poucos fui me sentindo mais tranquilo e conseguindo perceber detalhes na pessoa de Lola e no ambiente do seu quarto. Percebi o cuidado que ela tomava com a roupa: uma camisa branca de mangas compridas e botões arredondados chamava a atenção pelo nítido preparo para receber alguém que não era "de casa". Sobre uma pequena mesa ao lado da cama viam-se papéis, objetos pessoais, caixas de pomadas anti-inflamatórias, terços e alguns livrinhos de oração. De frente para a cama, havia uma cômoda e sobre ela uma televisão com decodificador para antena parabólica: nela, Lola assistia à programação da Rede Vida, embora eu jamais tenha presenciado a TV ligada. O altar ficava de frente para sua cama, e ficava ali também o sacrário em que se guardavam as hóstias que, até que se prove o contrário, eram o único alimento de Lola.

Conversamos por um bom tempo, falamos da minha carta de tantos anos, falamos das graças alcançadas, da minha fé no Sagrado Coração de Jesus, da minha avó e sua amiga Carolina, que não a via desde os 19 anos aproximadamente. Falamos de minha família, lembrou-se do meu tio e seu amigo, Antônio Soares Rosa, já falecido. Depois de algum tempo, tendo eu expressado todo o meu sentimento de alegria e admiração por ela, fiquei surpreso com o pedido de Lola: "Dr. Claudinho, vejo sua devoção ao Sagrado Coração de Jesus e sei que pode me ajudar com a minha saúde. Sinto muitas dores, principalmente nas mãos, passo estas pomadas que me aliviam um pouco, mas, mesmo assim, estão me limitando os movimentos. Quero que compreenda que não posso ingerir nada, nem medicamentos. Por isso meu tratamento é muito mais difícil, mas eu tenho fé no Coração de Jesus e é nele que eu encontro forças para superar até as dores. Compreenda que eu preciso dos seus cuidados médicos, mas eu não posso tomar remédios".

Naquele momento, vi crescer ainda mais a minha responsabilidade como cristão e principalmente como médico, pois – eu pensava – como é que eu poderia ajudá-la sem prescrever nenhum medicamento? Como ajudá-la a completar a sua santa missão com menos dores tão somente através de pomadas, que, como ela disse, só aliviavam as dores das mãos? Todas essas respostas eu obtive nos quatro anos que cuidei de Lola e que começaram naquele dia, naquele pedido.

Ali passei a entender por que ela havia me preparado para esse momento. Era óbvio que não bastava para ela o meu conhecimento técnico, ela precisava de muito mais do que isso, ela precisava da minha fé. Ela precisava de alguém que respeitasse suas convicções e que colaborasse com isso, aliviando, tanto quanto possível, suas dores, seu sofrimento.

Fiquei surpreso com o que ouvi, comecei a imaginar o que viria pela frente, o drama que eu viveria como médico ao ver minha paciente se recusando a usar as medicações que viessem a ser indispensáveis. Comecei então a conversar com Lola como médico, mas ela não me respondia como paciente, respondia como uma mulher santa.

O que vou descrever a seguir pode exigir do caro leitor uma grande dose de fé para compreender, pode ser que muitos duvidem, e confesso que eu também por vezes duvidei quando usei apenas o meu conhecimento científico. Mas se hoje escrevo este livro sobre Lola é porque minhas convicções científicas me permitiram enxergar também com os olhos da fé. E se existe uma coisa que muitos de nós médicos sempre falamos para os nossos pacientes ou suas famílias quando esgotamos nossos recursos científicos é: "Vamos ter fé em Deus…".

Resolvi então perguntar a Lola algumas coisas que considero fundamentais, já que a partir dali eu estaria assumindo essa responsabilidade. Perguntei detalhes sobre a sua queda, quais os procedimentos realizados naquela época, se foram realizados exames complementares, se ela ficou internada em algum hospital etc.

Ela era muito discreta, não gostava de dar detalhes carregados de dor, então apenas contava diretamente o que se queria saber. Disse que após o acidente, que a deixou sem os movimentos das pernas, foi levada pelos seus irmãos para Juiz de Fora, onde recebeu atendimento médico. Não especificou quantos dias após sua queda isso aconteceu, mas relatou que não foi logo após o acidente. Disse que ficou alguns dias sentindo dores fortes. Segundo ela, foram feitas várias radiografias e concluído o diagnóstico: havia uma lesão na medula a nível lombar. Relatou muitas dores no início, com muita dificuldade de se colocar sentada. Naquele momento, entrei em um território difícil de permanecer, haja vista a preocupação de Lola em não se fazer sensacionalismo com a sua fé. E a pergunta, com uma das respostas mais marcantes da minha vida, fiz naquele momento: "E a partir de quando a senhora parou de se alimentar?". A resposta veio em tom sereno, baixo, quase cochichada: "Dr. Claudinho, as coisas não aconteceram assim, parando de me alimentar... Na verdade assim que caí do pé de jabuticaba parei de sentir fome, parei de sentir sede, parei de sentir sono. Eu não sinto necessidade de nenhuma destas coisas, mas isso para mim não é sacrifício, porque eu não sinto a necessidade delas...".

Fiquei assustado ao escutar tamanha revelação, com naturalidade e firmeza impressionantes. Quando perguntei pelas funções fisiológicas Lola se mostrou visivelmente constrangida e passou a responder com palavras curtas, numa sequência de "sim" e "não" que me fizeram mudar de assunto, pelo menos naquele instante. Ela relatou não ter suas funções fisiológicas presentes desde o acidente. Para completar esta série de revelações, perguntei a Lola o que aconteceria se ela tomasse algum medicamento ou lhe fosse injetado na veia ou músculo.

Novamente com o ar de constrangimento, ela respondeu que não tomava nenhum medicamento por via oral, porque eles fariam mal a ela, e os injetáveis, das poucas vezes que os médicos tentaram aplicar, a medicação voltava pelo mesmo orifício da agulha por onde fora injetada. Disse isso com toda a naturalidade. Nesse momento ela recorreu à amiga Miriam, que estava no quarto para confirmar tal fato, o que foi prontamente confirmado. Quando eu disse ao caro leitor que o que estava para ser lido necessitava de fé para ser compreendido, tenho certeza de que agora entende o que eu queria dizer.

Eu estava assustado com o que ouvira, tinha muitas dúvidas na cabeça, mas o coração estava em paz, meu coração trazia uma certeza de estar realmente diante de uma pessoa santa.

Hoje posso afirmar, depois de tudo que vivi na presença de Lola, que sua santidade não estava no não comer, no não beber ou no não dormir, mas na sabedoria, na forma com que aceitava e administrava todas essas coisas permanecendo humilde, sincera, doce e com a capacidade até de expressar constrangimento de uma forma tão diferente, tão especial. Sua santidade estava na sua capacidade de não dizer "não". Lola dificilmente dizia não às coisas, dizia sempre "Vamos ver isso mais para frente..."; "Vamos esperar a resposta do Sagrado Coração de Jesus..."; "Vamos escutar o que o nosso Coração está dizendo...".

Mas saber dizer "não" não é uma virtude? Penso que às vezes sim, mas Lola estava sempre um pouco à frente de nós nos pensamentos, talvez por isso tivesse a capacidade de ver que o "não" é uma palavra muito definitiva para um mundo cheio de tantas possibilidades; talvez visse que Deus dava às pessoas a chave da porta da felicidade, mas que esta ficava atrás de outra, que era aberta com a mesma chave e se chama "Liberdade". O "não" de Lola não era fácil de ser ouvido porque, apesar de seu enclausuramento, seu coração era livre e a levava à possibilidade de tudo ser diferente, de milagres acontecerem, de vidas serem salvas, doentes serem curados, de incrédulos crerem, de insensíveis acordarem para a fé, e até de não sentir sono, não sentir fome, não sentir sede.

Aquele primeiro encontro com Lola foi muito especial, pela forma doce com que ela me recebera e pela forma sincera com que respondia minhas perguntas de médico e amigo.

Depois de conversarmos um bom tempo, passei a fazer o exame físico de Lola. Fiquei impressionado com sua vitalidade apesar de todas as limitações. Sua pressão arterial, nessa fase de sua vida, ficava em torno dos 120 x 80 mmHg, sua frequência cardíaca era normal, 82 batimentos por minutos, tinha sua pele incrivelmente hidratada, mucosas hidratadas e sem sinais de anemia. Tinha as mãos quentes, com uma pele muito fina, as unhas não muito curtas e as articulações dos dedos apresentavam-se engrossadas, seguramente um sinal de artrose. Sua ausculta pulmonar era normal e apenas a ausculta cardíaca apresentava um sopro sistólico importante. Não apresentava edema em membros inferiores nesta época. Tinha total ausência de movimentos nos membros inferiores, suas pernas durante quase todo o tempo ficavam dobradas (forçadamente) para trás, fazendo com que Lola parecesse sempre estar sentada. Seu abdome era flácido e indolor, não verifiquei nenhum sinal de atividade intestinal, nem formação de gases. Salvo os últimos dias de vida de Lola, eram estas as características do seu exame físico. Sua higiene pessoal era feita com a ajuda de alguém, antes certamente por Dorvina, e naqueles tempos em que convivi com ela por Miriam, fiel e caridosa amiga.

Após terminar o exame de Lola e dizer-lhe que estava tudo bem, conversamos um pouco mais sobre suas dores que eram mais acentuadas nas mãos. Nessa hora Lola me brindou com uma surpreendente observação que foi motivo de sorriso de ambas as partes: "Dr. Claudinho, uso muitas pomadas nas mãos para aliviar as dores, todas estas que aqui estão. Mas sabe, eu gosto mesmo quando ganho as de amostra grátis, sabe por quê?". "Por quê?". "As de amostra grátis são mais fortes! Parece que eles [os laboratórios fabricantes], fazem o melhor produto para as amostras, para conquistar o freguês. Estas parecem ser melhores…".

Achei a observação intrigante, pela sua capacidade de dizer as coisas com tanta clareza e com um sentimento tão puro. Dali para frente passei a procurar onde pudesse as amostras grátis e as levava para Lola. Ela adorava quando trazia várias caixinhas de Barbacena, e sempre brincávamos: são das mais fortes.

Aquele meu primeiro contato com ela foi maravilhoso em todos os sentidos. Pela alegria de estar frente a frente com alguém tão especial, pela graça de poder ajudá-la nos momentos de dificuldade com a saúde, pela oportunidade de conviver com uma pessoa tão mais próxima de Deus do que normalmente convivemos, mas, acima de tudo, pela oportunidade de aprender com ela sobre a fé. Cada visita a Lola era uma aula de como viver a fé, como conquistar as graças de que necessitamos através da fé. Era interessante pois ela ensinava de uma forma muito prática, mostrava que estar presa a uma cama não a limitava em ajudar as pessoas, em querer bem aos outros, em rezar por elas. E reflito até hoje, baseado nesse primeiro encontro com ela, e se considerarmos a sua dificuldade de locomoção, o quanto deixamos de fazer pelos outros, o quão limitados somos por coisas tão pequenas. Somos limitados pelo tempo que não dispomos porque os afazeres nos tomam muito dele; somos limitados pela falta de comprometimento com a nossa fé; somos limitados pela preguiça, pela falta de caridade, pelo descaso com os mais necessitados e, o que é mais comum, pela falta de confiança no que somos capazes de realizar. Quando o amor que temos pelos irmãos fala mais alto, e nos colocamos de corpo e alma em favor de quem precisa, vemos que assim era Lola. Compromissada de corpo e alma com o Coração de Jesus, na busca da felicidade e do bem-estar das pessoas de fé.

Agradeci a Lola pela confiança e pedi que ela rezasse por mim, para que eu tivesse clareza para fazer sempre o que teria de ser feito. Ela sorriu, disse que já estava rezando por mim e continuaria. Pediu-me também que rezasse pelas pessoas doentes, como já havia me pedido há tanto tempo, porque o verdadeiro médico era o Coração de Jesus e que ele apenas usava os médicos para realizar as suas obras. Emocionado, disse a ela que ficasse tranquila que eu também continuaria rezando. Abriu uma gaveta no criado que ficava ao lado de sua cama e pegou um terço e um livrinho com orações e reflexões sobre o Coração de Jesus. Pediu-me que fizesse a novena do Sagrado Coração de Jesus durante as nove primeiras sextas-feiras do mês, novena que nos deixava mais perto do céu. Beijei suas mãos e com os olhos cheios de lágrimas disse como força de expressão: "Fique com Deus". Digo isso porque o correto seria dizer: "Continue com Deus". Lola ficou em silêncio por alguns segundos olhando-me nos olhos como se quisesse dizer alguma coisa a mais, e disse: "Dr. Claudinho, que o Coração de Jesus acompanhe seus passos. Não se esqueça de tomar o cafezinho do coração de Jesus antes de ir embora!".

Assim o fiz, tomei o "cafezinho do Coração de Jesus" na sala de jantar da casa acompanhado do Padre Paulo, de Miriam e de Severino. Terminava ali meu primeiro encontro com Lola. Voltamos para Barbacena e no caminho tentei expressar para o Padre Paulo minha emoção com aquele momento, mas tem coisas que a gente só consegue expressar com o silêncio, tamanho o nó na garganta que sentimos.

13
Outro testemunho médico

Durante o tempo em que convivi com Lola, não fui o único médico a vê-la, antes, e mesmo durante as minhas visitas, um grande amigo esteve por vezes também cuidando dela. Uma vez, inclusive, estivemos juntos a meu pedido para que pudéssemos fazer uma nova avaliação cardiológica. Trata-se de um grande pai, um grande esposo, um excelente e experiente profissional médico, cuja característica mais marcante em sua pessoa é a fé. Estou falando do Dr. Adahilton de Campos Bello, cardiologista dos mais experientes, e, por isso mesmo, detentor de uma facilidade ímpar em cativar, envolver as pessoas com sua simplicidade e caráter inigualáveis. Dr. Adahilton esteve acompanhando Lola por algum tempo entre os anos de 1993 e 1994 e, em sua quarta visita, acontecida em 6 de janeiro de 1994, pôde ficar registrado seu parecer sobre a saúde de Lola:

Novamente estive na residência da Lola. Vim trazer o Dr. Adahilton de Campos Bello para a continuidade dos exames médicos. Presentes o abnegado casal Severino e Miriam que cuidam, ao lado de outras pessoas, da nossa querida Lola. Celebrei a Santa Missa, da qual participaram, além dos que já mencionei, o seminarista Donalto, natural de João Pinheiro, Diocese de Paracatu.

Rio Pomba, 6 de janeiro de 1994
(Foto: Dr. Cláudio Bomtempo, acervo pessoal)

Segue o parecer do Dr. Adahilton:

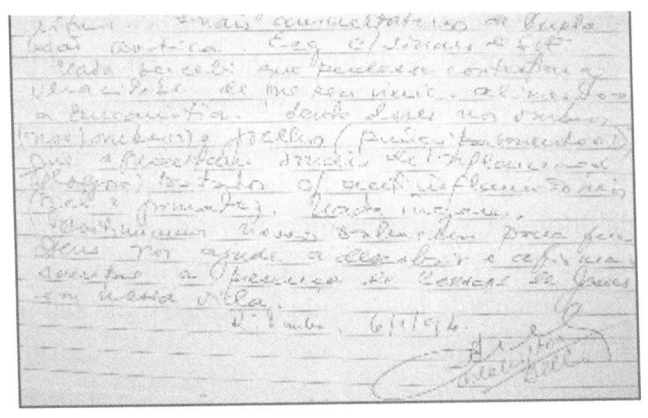

Pela quarta vez consecutiva examinei Lola. Os seus sinais e parâmetros clínicos permanecem como na primeira vez. PA [Pressão Arterial]: 160 x 65, pulso 76 bpm rítmicos. Sinais auscultatórios de Dupla lesão aórtica. ECG [eletrocardiograma] com sinais de SVE [Sobrecarga de ventrículo esquerdo]. Nada percebi que pudesse contestar a veracidade de ser seu único alimento, a Eucaristia. Sente dores nos ombros e joelhos (principalmente o direito), que apresentam sinais de inflamação (flogose) tratados com anti-inflamatórios (gel e pomadas). Nada ingere. Continuamos nossos trabalhos para que Deus nos ajude a descobrir e afirmar sempre a presença do Coração de Jesus em nossa vida.

Rio Pomba, 6 de janeiro de 1994
Adahilton de Campos Bello
(Foto: Dr. Cláudio Bomtempo, acervo pessoal)

Lola admirava e respeitava muito o Dr. Adahilton, certa vez ela me disse que ele era um bom homem e que o Coração de Jesus cuidaria sempre dele. Hoje sei que o meu amigo Adahilton superou alguns problemas de saúde, e não tenho dúvidas de que Lola intercedeu por ele quando mais precisou. Nunca disse isso a ele, porque sei que ele já sabia.

14
Visitas nos anos de 1995 e 1996

A partir de 1996 estive várias vezes com Lola, normalmente ia à noite. Após terminar um dia de trabalho, saía do consultório às 19h30 e quase sempre acompanhado do Padre Paulo íamos a Rio Pomba, dispostos como se estivéssemos começando o dia, tamanha era a alegria e paz transmitidas por ela. Chegávamos cada vez mais tarde na casa de Lola, mas isso não era problema, sempre lá estava ela, em vigília, nunca sonolenta, jamais a vi bocejar, mesmo tendo ficado até bem tarde junto dela. Padre Paulo por várias vezes escreveu no livro de registro de visitas a Lola, que chegara na madrugada, ou tarde da noite, tendo até celebrado às 4 horas da manhã, após a missa de Natal à meia-noite em Barbacena. Lola permanecia sempre em oração. Após seu acidente e constatadas suas novas competências, sabemos que várias vigílias foram realizadas pelos fiéis da época, lideradas muitas vezes pelo pároco da época, Padre Galo, na intenção de confirmar o que se tinha notícias sobre Lola. Vários fiéis se revezaram por vários dias e noites consecutivos, acompanhando cada instante de Lola e relatando que ela realmente permanecia acordada, em oração, sem sentir fome ou sede, apenas comungando todos os dias, seu único alimento para o corpo e a alma.

15
Um diálogo marcante

Certa vez, Lola me permitiu viver um dos momentos mais profundos de minha vida, quando, após passar pela tradicional avaliação médica, ficamos conversando um pouco, eu no meu banquinho de madeira encostado na cama dela, com os pés debaixo da cama e ela, como sempre, sentada sobre as pernas, encostada em uma pilha de travesseiros. Como comumente a via, estava com as mãos juntas, geralmente com um terço entre as mãos. Nesse dia Lola queixou-se muito das dores nas mãos, estava com um olhar de dor, era visível, mas não admitia isso, até que eu resolvi tocar nesse assunto com ela. Disse a ela que eu me sentia preocupado com a piora de suas dores, que gostaria de dar-lhe medicamentos para aliviá-las. Preocupava-me vê-la passando tantas pomadas antiinflamatórias, com um alívio tão pequeno da dor. Diante disso Lola premiou-me com um dos nossos mais profundos diálogos, com uma franqueza e uma profundidade que me faziam cada vez mais admirar aquela pessoa tão especial:

"Lola, essas pomadas são suficientes para aliviar tantas dores?"

"Aliviam um pouco, Dr. Claudinho, mas têm horas que realmente não sei se vou aguentar tamanha dor..."

"E aí? O que a senhora faz nestes momentos?"

"Eu rezo mais. Peço a ele [o Coração de Jesus], que me ajude a suportar esse momento de dor e assim eu vou melhorando... Sabe, Dr. Claudinho, estes dias tive a sensação de que estava chegando a minha hora de partir, tamanha era a dor que estava sentindo."

"Mas a senhora sabe a hora de ir? Quem define isso não é ele?"

"É sim, mas eu pedi a ele que me deixasse ficar um pouco mais, porque tenho ainda muitas coisas para fazer aqui na Terra."

"E o que ele disse?"

"Disse que 'sim' e a cada comunhão eu sinto o 'sim' dele. Mas sei que minhas forças estão terminando...".

Naquele momento fiquei emocionado, senti uma mistura de saudade dela com a angústia de não poder fazer muito naquele momento, foi quando tive a ideia de usar das mesmas armas que ela para poder ajudá-la. E continuamos a conversar como se estivéssemos no céu, tamanho era o silêncio e a paz que nos envolvia naquele momento tão especial, tão profundo, apesar das dores que ela sentia.

"Lola, eu estou muito feliz de estar aqui ao lado da senhora, tentando ajudá-la e gostaria de fazer mais se a senhora me permitisse. Nesse momento, então, o que quero fazer é dar o remédio que a senhora realmente vai tomar. Permita-me a ousadia de rezar pela sua melhora, já que não posso medicá-la com o remédio dos homens. Peço à senhora que abra um parêntese nas suas orações pelos outros e que junto comigo nós peçamos a ele para aliviar suas dores. Qual o pai que não atenderia ao pedido de uma filha tão obediente e tão especial quanto a senhora? Vamos rezar juntos para que ele alivie as dores da senhora agora?"

Naquele momento sei que Lola ficou muito surpresa com a minha atitude, ela jamais esperava que eu fosse convidá-la a rezar por ela naquele momento e ainda mais propondo a oração no lugar do remédio que ela não queria tomar. Visivelmente espantada, Lola sorriu docemente e me brindou com palavras maravilhosas que trago até hoje muito vivas em minha memória pela extrema beleza e revelação que elas trouxeram e trazem à vida de todos nós:

"Dr. Claudinho, que bom é ouvir isso do senhor! Vamos pedir a ele sim, ele é um Pai generoso e vai me conceder mais esta graça." Ficamos alguns minutos em silêncio e de olhos fechados. "Dr. Claudinho, eu já estou melhorando, minhas dores estão bem mais fracas... Sabe, doutor, por que tudo o que eu peço a ele eu alcanço?". "Por quê?". "Porque com a mesma certeza que o senhor tem de que não vai cair no chão neste momento porque está sentado num banquinho de madeira forte, que sustenta o senhor sentado, fazendo com que o senhor nem se preocupe se está ou não caindo, assim também eu tenho certeza de que tudo o que peço a Deus ele me concede porque ele está dentro de mim!".

Eu não me contive diante de tamanha revelação e busquei naquele momento respostas para tantos questionamentos que havia sobre a fé da Lola, não da existência da fé, logicamente, mas da forma com que essa fé se manifestava. Perguntei então: "Sim, Lola, ele está no meio de nós! Mas eu sei que a senhora o percebe de forma diferente. Como é isso? A senhora vê a Deus? Conversa pessoalmente com ele? Como é essa relação tão próxima que tanto nos intriga e surpreende?". "Não, Dr. Claudinho, eu não o vejo, eu o sinto dentro de mim... É como se eu pensasse, e no pensar eu o encontro. Ele vive dentro de mim."

Confesso que me arrepiei nesse momento, Lola parecia naquele momento estar tomada por uma energia maior, ficava de uma hora para outra mais ágil, mais atenta e esperta, com os olhos mais ativos, com uma face mais expressiva. Parecia mesmo que quando buscava a presença de Deus através da oração, isso servia de alimento. Era sempre assim também após a comunhão.

"E como é Deus? A senhora o vê?". "Não, eu não o vejo, como eu já lhe disse, eu o sinto dentro de mim. Mas se você quer vê-lo, olhe para o seu coração...".

Até hoje eu me pergunto se a frase "olhe para o seu coração" tem o significado que teve para mim naquele momento. Cada vez que penso nesta frase, penso na sabedoria que Lola trazia consigo. A profundidade desta frase que pode dizer muito mais do que a nossa inteligência é capaz de compreender.

Lola me falou também do poder da oração e da fé no Sagrado Coração de Jesus. Nesta hora pegou um livrinho com a novena e disse-me com uma voz mais firme e um olhar penetrante, como a mãe que dá um conselho, que tem certeza de que é o melhor para o filho: "Dr. Claudinho, sempre que puder, sempre que sentir que pode ou deve, peça aos seus pacientes que rezem esta oração. Que eles tenham confiança na promessa do Coração de Jesus, porque as doenças podem ser curadas através da fé se assim ele o desejar. Leve estes livrinhos com o senhor e distribua-os como puder."

Ela me dava sempre um pacote com vários livrinhos para serem distribuídos. Fazia questão de fazer uma dedicatória em cada um deles durante um tempo. Depois, alguns deles, passaram a ter já impressa essa dedicatória. Estes livrinhos de oração sempre foram úteis a muitas pessoas. Eles as mantinham com o pensamento em Deus e evitavam que seus pensamentos viajassem para os terrenos da depressão. Sabemos que por vezes as pessoas ficam deprimidas quando não são capazes de dominar o seu destino; quando alguma coisa sai errada em suas vidas, às vezes a forma de manifestar a si mesmo e aos outros a própria frustração é pagando o preço da depressão. Outra situação é quando exigimos de nós uma segurança e uma certeza do que irá acontecer na nossa vida futura, gerando assim o medo do futuro. Por que então Lola não ficava deprimida? Por que diante das suas limitações adquiridas não se sentia triste, impotente, frustrada e magoada com sua sorte? A resposta está em sua fé. Fé que a fazia permanecer no hoje, apesar de tantas incertezas pelo amanhã e tristezas no passado.

Rezar, estar em paz de espírito, ocupar seu longo tempo ocioso com orações, contemplações e dedicação ao próximo era a forma encontrada por Lola para permanecer com seu pensamento no hoje e assim não se preocupar em dominar o medo pelo futuro ou lastimar as frustrações havidas no passado, motivadoras de depressão em muitas pessoas. Lola não tinha depressão porque vivia o dia de hoje como sendo o melhor que podia ser para ela e para os outros. Vivia como se soubesse que estava chegando a sua hora de partir. Vivia sem se preocupar com seu acidente no passado, que poderia ser um motivo de angústia e de incertezas para o futuro.

Este é um grande ensinamento que levo aos meus pacientes todos os dias, este é um grande trunfo contra a tristeza: viver o dia de hoje como se fosse o último! Exercitar cada dia mais a capacidade de concentração no momento que se está vivendo, no hoje. E a oração é um grande exercício. Lola certamente fazia isso.

16

Cicatrização de feridas

Ainda em 1996, chegou até mim um recado de Lola, solicitando que fosse vê-la. Lembro-me de que era uma segunda-feira e, como de costume, fui para Rio Pomba à noite, na companhia de Padre Paulo, que também ficara preocupado com o pedido de visita médica. Ao chegarmos na casa da fazenda, encontrei Lola abatida, com uma expressão de dor diferente, e com uma falta de ar como nunca a tinha visto apresentar até aquele momento. Lola, apesar da dor, demonstrou-se aliviada com a minha presença e reservadamente pôs-se a me contar o que acontecera durante a semana anterior. Relatou que se sentiu muito mal, com falta de ar intensa e Miriam e Severino resolveram pedir auxílio a um médico da região, pela urgência da situação. Lola contou que ele passou alguns medicamentos que obviamente ela não tomou e prescreveu também uma nebulização cuja dose de broncodilatador, bem como dos demais medicamentos, estavam rigorosamente dentro das necessidades de Lola para aquele momento. Não tendo tomado a medicação, fez apenas a nebulização da forma proposta. Para a surpresa de todos – e que certamente seria também a do médico, que prontamente a ajudou da maneira correta quando solicitado, embora ele jamais tenha sabido disso – Lola apresentou uma extensa queimadura que se iniciou no pescoço (próximo à região onde houve a concentração do medicamento broncodilatador) e continuou pelo tórax, ficando ainda mais intensa (segundo grau) no abdome. Lola tinha todos os motivos do mundo para expressar aquela fácies de dor, ou melhor, aquela expressão facial de dor. Sua roupa começava a grudar nas feridas, que estavam úmidas, com um início de infecção por falta de tratamento adequado. Até aquele momento, Lola não tinha associado a nebulização às feridas. Pensava se tratar de feridas espontâneas, não imaginava sua origem. Conversamos bastante sobre o que acontecera, concluí então que tanto o medicamento colocado na nebulização, quanto as vaporizações que foram feitas, contribuíram para as queimaduras, junte-se a isso a delicadeza da pele de Lola e a falta de costume em usar medicamentos. Lola concordou plenamente com o meu diagnóstico e acrescentou: "Os outros médicos não estão acostumados comigo, meu organismo é muito mais frágil, eu não posso com medicamentos, muito menos com medicamentos fortes".

Naquela noite, pedi para buscarem na cidade medicamentos para fazer curativo. Severino Vieira, com toda sua bondade, foi buscar. Feito o curativo e tendo aplicado sobre as feridas uma pomada cicatrizante com antibiótico, orientei Lola a tomar todos os cuidados com a higiene local e a troca diária dos curativos. Sentiu-se mais aliviada. Quanto à nebulização, orientei a fazer somente em caso extremo e com metade da dose, mantive, com todo o cuidado a umidificação do ambiente, e a preocupação com a distância do vaporizador.

Depois do atendimento pude sentir a confiança de Lola em mim. Ela já tinha um sorriso espontâneo e um certo ar de gratidão. Lola sempre soube expressar muito bem a sua gratidão, fosse com palavras de conforto, com promessas (certamente sempre pagas) de orações, ou com livrinhos de oração e imagens que inspiravam a fé ou com o "cafezinho do Coração de Jesus" após as visitas, mas certamente a maior forma de gratidão expressada por Lola era a certeza que depositava em nossos corações de que sempre que precisássemos ela estaria lá, junto de nós e de Deus, intercedendo por nós, colocando nossos pedidos nas mãos de Deus. Muitas pessoas acham isso absurdo: pedir a alguém que peça por nós. Por que nós mesmos não o fazemos se somos todos filhos de Deus? Até Lola chegou a dizer certa vez: "Por que as pessoas não pedem direto a Deus o que precisam? Ele é um pai generoso e dará sempre o que lhe for pedido com fé".

Tudo bem, exceto por esta palavrinha: "fé". Pedir a Deus todos nós podemos e devemos, mas será que a nossa fé é suficiente para fazer as coisas acontecerem? Por isso é que a intercessão de Lola sempre foi fundamental, porque a fé dela, depositada no Sagrado Coração, fazia as coisas acontecerem. É como aquele amigo com quem temos mais afinidade: é muito mais fácil obter dele ajuda do que de outro amigo que conhecemos apenas à distância. No caso de um pedido de ajuda para outra pessoa, penso que é muito mais fácil se fizermos o pedido ao nosso melhor amigo, que nos conhece a fundo e sabe de nossas intenções: ele saberá atender como se fosse algo para nós mesmos.

Lola agradeceu-me a dedicação e disse que lhe contei que minha avó, sua amiga de infância, tinha problemas de saúde e que tinha câncer de mama, estando em tratamento.

Lola atenciosamente disse: "Diga à Carolina que ela ficará curada pela fé que tem no Coração de Jesus. Diga que combinaremos um dia para ela vir aqui com o senhor."

Começou aqui a cura do câncer de mama de minha avó. Logicamente ela foi tratada a tempo, mas quantos são tratados e evoluem para pior?

Disse à minha paciente que continuasse com Deus e que eu voltaria durante a semana para revê-la e acompanhar sua evolução bem de perto. Tomei o "cafezinho do Coração de Jesus" e retornamos para Barbacena com a aquela sensação deliciosa de missão cumprida. Mas o mais impressionante dessa história toda ainda estava para acontecer.

Fiquei pensando naquelas feridas de Lola e em toda dificuldade que teriam para cuidar dela durante aqueles dias. Decidi então retornar a Rio Pomba na quinta feira, dali três dias. Para nossa surpresa, quando entrei no quarto de Lola ela me recebeu logo com um grande sorriso, com um rosto alegre e sem expressão de dor, como anteriormente acontecia. Ao perguntar a ela como estava, fiquei impressionado com o que vi: as feridas tinham se fechado quase por completo. Em apenas três dias, considerando as restrições dietéticas, Lola, que apresentava até sinais iniciais de infecção, recuperou-se surpreendentemente. Eu não sabia o que dizer, perguntei a ela o que havia acontecido, ela me disse: "O Coração de Jesus fechou as feridas! Mas a pomada que o senhor mandou passar é muito boa…".

O que dizer diante disso? Qual a minha postura como médico diante de alguma coisa que eu não vi em nenhum livro e dificilmente verei novamente em toda a minha vida? Como explicar essa velocidade de cicatrização? Como explicar essa capacidade de se defender de microrganismos indesejáveis sem tomar nenhum tipo de medicamento? A minha resposta para tais perguntas está na minha crença de que estive muito perto fisicamente de Deus enquanto estive ao lado de Lola.

Para reforçar mais essa competência de Lola, Padre Paulo contou-me que certa vez esteve com ela pela manhã e que um gato entrara em seu quarto (com o seu consentimento), e a arranhara no rosto. Preocupado com o acontecido, Padre Paulo voltou à tardinha para vê-la, já que estava hospedado próximo à casa dela. Para sua surpresa também, ele conta que o que era um grande arranhão de gato pela manhã, à tarde era apenas um minúsculo arranhado que parecia ter vários dias de evolução.

# 17

A gratidão de Lola

Nesse dia Lola me presenteou com uma imagem do Coração de Jesus. Carinhosamente ela fez uma dedicatória de próprio punho com os seguintes dizeres:

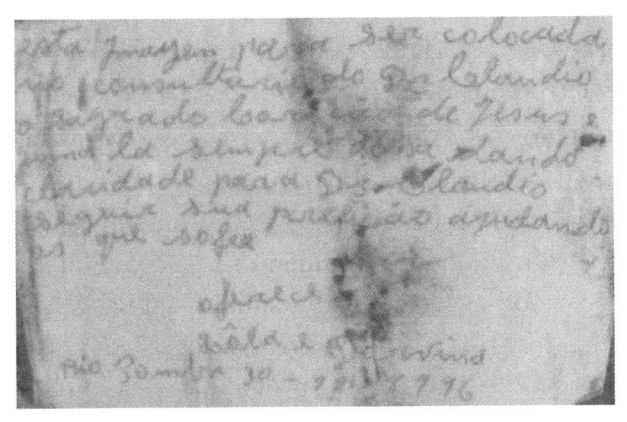

"Esta imagem para ser colocada no consultório do Dr. Cláudio. O Sagrado Coração de Jesus é uma luz sempre acesa dando claridade para Dr. Cláudio seguir sua profissão ajudando aos que sofre.
Oferece Lôla e Dorvina
Rio Pomba 30-12-1996"
(Foto: Dr. Cláudio Bomtempo, acervo pessoal)

Ao entregar-me a imagem, Lola me fez várias recomendações: "Dr. Claudinho, o que faço hoje para o senhor só fiz para um outro médico até hoje, que foi o Dr. Romeu. Sou muito grata a ele por tudo o que fez pelo meu irmão. Cuidou dele até sua morte. Dei a ele também uma imagem como esta, e pedi a ele que colocasse em seu consultório para ajudá-lo a curar seus pacientes. Dr. Romeu morreu, mas a imagem que eu dei a ele continua lá, no mesmo lugar onde ele colocou, até hoje. Foi um grande homem, sou muito grata a ele. Quanto ao senhor, quero que faça o mesmo: coloque esta imagem no seu consultório, Padre Paulo já a abençoou. Ela o inspirará nos momentos mais difíceis, o Sagrado Coração de Jesus o acompanhará e enquanto o Senhor cuida do corpo ele cuidará da alma de seus pacientes. Diga a eles que se não forem curados pelos remédios serão curados pela oração! Reze pelos seus pacientes sempre. Fuja da frieza tradicional da relação do médico com o paciente, fale ao coração deles, lá está a morada da cura, lá está o que o senhor, como médico, precisa aprender. Creia nisso e isso dará conforto para os pacientes nos momentos mais difíceis e paz para o seu coração."

Recebi a imagem das mãos de Lola, com todo cuidado, li a dedicatória e agradeci emocionado a homenagem. Contei a ela que conheci e fui tratado de uma hepatite pelo falecido Dr. Romeu, que cheguei a conviver com sua família e disse-lhe que também eu o admirava. Estava extremamente emocionado e impressionado com a quantidade de informações dadas por Lola naquele momento e com a profundidade das mensagens que elas traziam.

Posteriormente comecei a analisar as sábias palavras dela daquele dia, por isso faço aqui algumas considerações sobre o que foi dito por ela: Lola fez questão de dizer que estava

Imagem doada ao consultório.
(Foto: Dr. Cláudio Bomtempo, acervo pessoal)

grata a mim, mas fez também questão de associar o fato à pessoa do Dr. Romeu, que foi um grande homem, tendo se destacado pela honestidade, pelo caráter, pela competência, mas principalmente pela generosidade e fé. Quantas vezes escutamos o Dr. Romeu atender aos mais necessitados e dizer brincando quando chegava a hora de pagar: "Lá no inferno a gente acerta...". Lola quis dizer que estava grata a mim, mas que eu seguisse o exemplo do Dr. Romeu em suas virtudes.

Continuando a analisar suas palavras, percebo que ela, na verdade, queria me motivar a continuar meu trabalho, conservando a humildade e estimulando a fé no Sagrado Coração de Jesus. Pediu-me que eu rezasse pelos meus pacientes para que eu estivesse sempre em sintonia com Deus. Certamente ela sabia que este exercitar da generosidade é a melhor forma de gratidão, pois nos traz de volta, com juros, tudo o que foi partilhado.

Um detalhe interessante nessa fala de Lola é que ela fez questão de dizer que a imagem tinha sido benta. Mostra sua humildade de colocar em evidência o sacerdote, não quem presenteia.

Lola nos ensinava muito com exemplos passados, fazia associações com pessoas boas que já morreram, dando exemplo do que ela achava correto. Jamais criticava, a não ser construtivamente. A imagem do Sagrado Coração de Jesus colocada no meu consultório, conforme Lola pediu, é realmente uma fonte de motivação e oração para mim, consequentemente é também para os meus pacientes. Por diversas vezes, entre um paciente e outro, posso olhar a imagem e sentir a presença de Lola. Percebo o tamanho da responsabilidade que trago comigo, diante de tamanha confiança depositada na minha fé. Não fujo disso, enfrento com a coragem que ela me deixou como exemplo, superando desafios e rezando pelos meus doentes.

18

Uma competência a mais

Entre tantas competências observadas em Lola, uma delas me chamava muito a atenção. Ela tinha a capacidade de descrever locais com certa riqueza de detalhes, que até parecia ter estado neles, sem que efetivamente houvesse notícia de que ela ali tenha estado. Da mesma forma, ela também tinha a capacidade de perceber a presença de pessoas e anunciá-las em sua casa antes mesmo que disséssemos que estavam presentes. Descreverei a seguir, uma destas situações vividas por mim no final de 1996.

Eu havia combinado uma visita de rotina a ela. Normalmente, embora tivesse a minha avó em Rio Pomba, evitava desviar meu trajeto do propósito que me levava tantas vezes a esse lugar. Fazia isso para evitar comentários de que o médico estava na casa da Lola, o que geralmente soaria como uma situação de urgência, o que, como já havia acontecido antes, seria interpretado e aumentado de forma errada, chegando-se a divulgar que ela havia morrido. Nessa ocasião, recordo-me de que a imprensa andara perseguindo de forma insistente a história de Lola e por respeito à vontade dela, procurava ser o mais discreto possível, até mesmo na emissão de receitas das pomadas e outros medicamentos que foram necessários (quando as amostras não bastavam).

Naquele dia, então, fui a Rio Pomba com o propósito de permanecer por pouco tempo com Lola, apenas acompanharia seu estado de saúde e levaria algumas amostras grátis. Convidei a Patrícia, que na época era minha noiva, para ir comigo até a fazenda. Em respeito ao seu desejo de receber apenas as pessoas que sentisse necessidade de receber, jamais pedi a Lola para levar alguém comigo em minhas visitas à sua casa. Ciente disso, Patrícia foi como simples companheira, sem a intenção de estar com Lola, de modo que combinamos que ela me aguardaria no carro enquanto eu estivesse com Lola. E assim fizemos. Com a chave do cadeado da porteira emprestada pelo Padre Paulo, entramos e estacionei o carro na frente da casa como de costume. Patrícia aguardou-me no carro e entrei na casa. Recebido pela Terezinha[1], fui logo ao encontro de Lola em seu quarto. Recebeu-me, como sempre, com um doce sorriso nos lábios e um olhar que não me sai da memória até hoje. Lola estava bem-disposta, apenas queixava-se das dores. Naquele dia comecei a perceber um leve edema (inchaço) em suas pernas. Conversamos por pouco tempo, sem absolutamente tocar no nome de Patrícia, mas qual não foi a minha surpresa quando, ao começar a examiná-la, Lola me interrompeu e disse: "Vá buscar a Patrícia no carro, que eu quero conhecê-la." "Mas, Lola, eu ainda não

---

1. Terezinha foi uma vocacionada que Padre Paulo convidou para cuidar de Lola de modo mais continuado no final da sua vida. Ela permaneceu com Lola até o dia da morte.

terminei o exame." "Depois que eu conhecê-la, você termina, eu estou bem." "Mas..." "Faça o que eu estou lhe pedindo, eu quero conhecê-la."

O meu "mas" naquele momento queria dizer: "mas a Senhora só a conhece de nome, eu nem mesmo disse que ela estava aqui". E quanto a mais alguém ter me visto chegar, digo que apenas encontrei Terezinha dentro da casa e ela também não conhecia a Patrícia, antes, nem mesmo sabia que eu viria acompanhado. Logicamente podemos pensar em uma série de hipóteses que justifiquem de forma lógica o que aconteceu, mas naquele momento eu não compreendia nada e não parou por aí.

Fiz imediatamente o que Lola havia pedido: fui ao carro e disse para Patrícia que Lola a estava chamando. Patrícia ficou surpresa porque havíamos combinado dela aguardar no carro, mas emocionada aceitou o convite e entramos na casa. Patrícia ficou tensa naquele momento, ansiosa com a notícia de que conheceria a Lola naquele instante. Dava para perceber sua mão suar e sua expressão de preocupação, que só fui entender completamente mais tarde.

Entramos no quarto e ela nos recebeu com o carinho de sempre. Patrícia beijou suas mãos e se assentou próxima a ela. Não conseguia dizer uma só palavra. Olhava para mim e para Lola como se buscasse palavras para expressar a emoção daquele momento. Lola carinhosamente tocou seu rosto e sorriu, continuando de mãos dadas. Ajudei Patrícia a sair do transe de emoção, falando com Lola o que representava aquele momento para nós. Lola elogiou a beleza de Patrícia e logo começaram a conversar, visto que Patrícia agora estava mais calma. Presenciei, então, mais um daqueles diálogos espetaculares de Lola, que ilustram a sua bondade e sua missão aqui na Terra.

"Patrícia, com o que você trabalha?"

"Sou Professora. Dou aulas para o pré-escolar."

"Que bom. Posso te pedir uma coisa?"

"Claro, Lola."

"Eduque seus alunos para o Coração de Jesus. Ensine-os a conhecê-lo. As professoras normalmente não fazem isso, mas deveriam estimular a fé dos seus alunos."

"Sim, Lola."

Neste momento, Lola fitou a aliança na mão direita de Patrícia, esticou seu dedo anular, olhou no fundo dos olhos e disse: "Vocês serão muito felizes, tranquilize o seu coração, vou colocar este anel do Coração de Jesus sobre a sua aliança para segurá-lo e abençoá-lo. O dia do casamento de vocês será especial. Confiem sempre no Coração de Jesus!".

Logicamente, se soubéssemos de tudo o que iria nos acontecer no dia do nosso casamento talvez pensássemos que Lola nos preparava para alguma coisa, mas estas palavras, na ocasião soaram como um incentivo à oração a dois, à busca da fé enquanto casal, em confiança por estarmos fazendo o que precisava ser feito, apesar do medo; aliás, isso se chama coragem!

Conversando com Patrícia depois, entendemos a mensagem de Lola como um conselho, como um sinal de Deus em favor de nosso casamento. É que Patrícia revelou que quando fui ao carro buscá-la, ela estava com o pensamento longe, questionando a si mesma se era a hora certa para o nosso casamento, se estávamos no caminho certo, se era isso mesmo que Deus queria de nós. Certamente nós faríamos esses questionamentos todos antes de assumirmos qualquer compromisso mais sério, dada a incerteza quanto às mudanças que uma vida a dois pode trazer. Realmente, atitudes como essas mexem com a cabeça de todo casal. O que não estava nos planos era uma resposta tão clara e imediata de Deus através de Lola.

Lola deu-nos tranquilidade naquele momento e, como sempre, pediu que rezássemos sem cansar, confiando na proteção do Sagrado Coração de Jesus. Conversamos os três por algum tempo e Lola demonstrava-se muito feliz, alegre, falando com firmeza e sempre reforçando a importância da fé na vida do casal. Ao nos despedirmos, Lola deu à Patrícia o Terço e as orações de costume e disse que não saíssemos sem o cafezinho do Coração de Jesus. Pediu-nos também que retornássemos à sua casa, próximo do dia do nosso casamento.

Voltamos para casa leves, sentindo-nos abençoados e na certeza de que estávamos no caminho certo. A pureza de Lola, a doçura de suas palavras era algo que realmente nos confortava. O fato de nos pedir que voltássemos juntos também nos deixou intrigados, mas felizes pelo convite.

19
Presente de casamento

Conforme Lola havia solicitado, retornamos à sua casa no final de 1996. Padre Paulo nos recebeu lá nesse dia. Como de costume, participamos da missa celebrada pelo Padre Paulo na sala de jantar da casa, com a porta semiaberta, escutando o som doce da voz de Lola na participação. Terminada a missa, Lola conversou algumas vezes com Padre Paulo, algo que não nos foi possível escutar, porém logo depois escutei-a dizer assim: "Vai Padre Paulo, busque os presentes lá no outro quarto...".

Havia uma certa ansiedade na fala de Lola que se traduzia pela sua alegria em presentear alguém com algo tão especial. Enquanto cumprimentávamos Lola, dizendo que estávamos felizes em retornar juntos à sua casa, ela nos perguntou como iam os preparativos para o nosso casamento. Perguntou se nós já tínhamos arrumado nossa casa, os móveis etc. Achei estranho que ela nos perguntasse isso, mas ao mesmo tempo percebi mais uma vez a profundidade dos pensamentos e sentimentos de Lola. Ela se preocupava com detalhes que muitas vezes passavam despercebidos aos nossos olhos. Contamos como estavam os preparativos para o casamento e fomos surpreendidos pelo Padre Paulo com alguns embrulhos de presente.

Sim, Lola nos presenteou antes do casamento. Ela nos chamara ali naquele dia para nos dar um verdadeiro e original presente de casamento. Vindo de Lola, com sua santa missão de difundir a fé no Sagrado Coração de Jesus, poderíamos esperar algo que se enquadrasse nisso. Ansiosa por ver nossa reação, pediu ao Padre que nos entregasse os embrulhos: desembrulhamos dois quadros com as imagens de Jesus e Maria, com uma moldura que era exatamente da cor da parede da sala de nossa casa e contornos exatamente da cor dos nossos móveis. Atrás, uma dedicatória que Lola escreveu carinhosamente e com toda dificuldade que suas dores nas mãos certamente lhe impunham. Fico imaginando quanta dificuldade colocamos para fazer tantas coisas em nossas vidas, o quanto adiamos as coisas quando deveríamos aproveitar de nossa saúde e disposição. Esse exemplo de Lola, escrevendo uma dedicatória para dois amigos apesar das dores e limitações, tem um significado muito mais profundo do que está escrito. Tem a profundidade do amor, da vontade de seguir em frente apesar das dificuldades, amparada pela sua fé, que a levava onde pudesse imaginar. Um detalhe das dedicatórias de Lola era sempre assinar também pela irmã Dorvina, a quem tanto amava.

Reproduzo, a seguir, a íntegra da dedicatória:

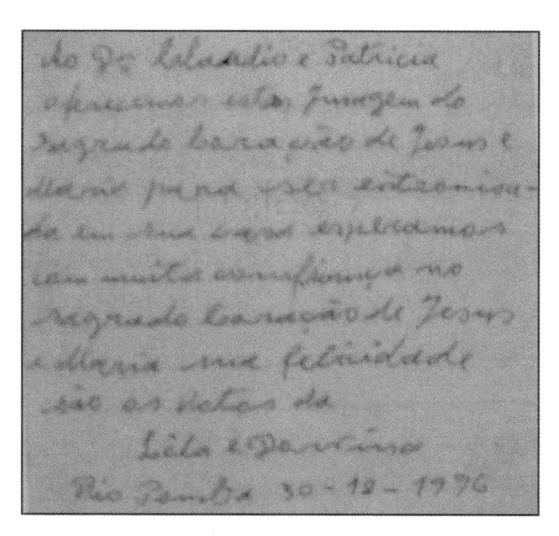

"Ao Dr. Cláudio e Patrícia oferecemos estas imagens do Sagrado Coração de Jesus e Maria para ser entronizada em sua casa. Esperamos com muita confiança no Sagrado Coração de Jesus e Maria sua felicidade.
São os votos da
Lôla e Dorvina
Rio Pomba 30-12-1996"
(Foto: Dr. Cláudio Bomtempo, acervo pessoal)

Ficamos surpresos com o presente tão especial, mesmo porque o grande presente de nossa vida era saber que Lola existia e se preocupava conosco, essencialmente este é sempre o presente mais sincero e que todos queremos: que se preocupem conosco, porque é isso que dá a certeza de que somos amados, de que estamos vivos e nunca sozinhos! A nós importava mais o espetáculo de amor proporcionado por Lola aos seus amigos, um exemplo puro, sincero, a ser seguido por todos nós. Hoje é tão raro encontrar alguém que se preocupe conosco, sem interesse, é tão rara a amizade sincera em que as pessoas consigam separar bem o limite entre o interesse e

Imagem oferecida por Lola em 1996.
(Foto: Dr. Cláudio Bomtempo, acervo pessoal)

a amizade despida de outras intenções, embora as duas coisas sejam tão opostas. Lola amava seus amigos e, por isso, tudo tinha um gosto ainda melhor.

Como se não bastasse tudo isso, ela completou o presente com as seguintes palavras: "Dr. Cláudio e Patrícia, estas duas imagens são para serem colocadas em um lugar especial em sua casa. Naquela parede que só vocês sabem qual é. Elas

Imagem oferecida por Lola em 1996.
(Foto: Dr. Cláudio Bomtempo, acervo pessoal)

estarão inspirando a fé de vocês no Sagrado Coração de Jesus e abençoando sua casa. Gostaria que vocês fizessem o seguinte: convidem seus parentes e amigos mais próximos, e na primeira sexta-feira do mês e do ano Padre Paulo irá até a casa de vocês e fará a entronização das imagens. Marquem para as 19h e eu estarei lá com vocês em oração, pedindo a Deus pela paz em seu lar."

Neste momento Lola voltou-se para o Padre Paulo e com um olhar de quem pede já sabendo a resposta, disse: "Padre Paulo pode ir?". "Claro, Lola, será um prazer!". "Padre Paulo, busque os outros presentes, por favor."

Os presentes de Lola não pararam por aí, ela também nos presenteou com uma pequena almofada, com a qual sugeriu que nossas alianças fossem levadas ao altar, e, por último, com um terço bonito e delicado, em uma embalagem plástica igualmente delicada que Lola entregou e disse a Patrícia o seguinte: "Patrícia, este último presente é muito especial. As noivas geralmente entram na igreja com um buquê de flores e esquecem que devem ter nas mãos é a presença de Deus. Por isso peço a você que faça diferente, entre na igreja com este terço nas mãos e leve um buquê pequeno ou não leve buquê."

Lola pensou em cada detalhe e se envolvia como se estivesse lá para conferir o resultado. Ela estava espiritualmente presente.

Fizemos a entronização das imagens exatamente como ela sugeriu. Além de ter sido uma bela confraternização em família, rezamos e nos sentimos muito perto de Lola naquele dia, como se ela também estivesse ali fisicamente. As imagens, um presente de Lola, foram colocadas na parede da sala e ficaram como se tivessem sido preparadas por quem já vira o local. Na opinião dos que lá estiveram, ficou perfeito.

Quanto ao dia do casamento, Lola parecia-nos preparar realmente para um dia especial. Tudo corria muito bem até que, na véspera de nossa união, fomos surpreendidos com um grave acidente de carro sofrido por um tio de Patrícia, que o separaria de nós exatamente nesse dia festivo. Naquele momento, começamos a entender por que Lola se preocupara tanto com o dia do casamento, como se ela pudesse imaginar o quanto precisaríamos de nossa fé para superar algo tão triste num dia tão especial. E foi graças à preparação feita por Lola que conseguimos superar essa dificuldade com o mínimo de tristeza possível. Estávamos tão certos da presença de Lola conosco em todos os momentos, rezando por nós, que tudo aconteceu de forma a não produzir maiores traumas. Aprendemos a confiar na intuição de Lola, crescemos na fé, aliás era isso que ela sempre quis de nós: que crescêssemos na fé! Estando com ela algum tempo depois, ela foi discreta dizendo apenas: "Rezei muito por vocês, porque sabia que o dia do casamento é um dia difícil. Mas com Jesus tudo acaba bem…".

20
Luz em nossas vidas

Em 1998, estávamos muito próximos de Lola. Através do Padre Paulo, frequentemente estávamos com ela, desfrutando da sua paz, de suas orações, daquela convivência que nos deixava mais perto de Deus. Se me questionassem hoje por que tivemos o privilégio de viver tais momentos de maneira tão intensa, responderia com a palavra do evangelista São Mateus (Mt 9,11-13), quando Jesus, respondendo ao questionamento dos fariseus sobre o fato de o mestre comer com os cobradores de impostos e pecadores, disse: "Não são as pessoas de saúde que precisam de médico, mas os doentes. Ide aprender o que significa: Prefiro a misericórdia ao sacrifício. Em verdade, não vim chamar os justos, mas os pecadores". Assim, quando me perguntam por que eu tive este privilégio, digo que talvez eu estivesse mais necessitado da ajuda dela. E isso aconteceu muitas vezes.

Quando ganhamos nosso primeiro filho, escolhemos o nome de Cláudio, não necessitando aqui explicações óbvias dos motivos que nos levaram a dar esse nome ao nosso primogênito. Lola participou conosco de toda a expectativa da chegada do Claudinho e na manhã do dia 19 de agosto de 1998 ele nasceu. Infelizmente, com muita dificuldade respiratória, necessitando de cuidados especiais nas primeiras horas de vida. Nesses momentos iniciais de sua vida, tive receio de que ele não sobrevivesse. Entre tantos cuidados médicos, solicitei a Lola que rezasse por ele e qual não foi a resposta de Lola, sincera e preocupada, trazidas pelo amigo Paulo: "Dr. Cláudio, confie no Sagrado Coração de Jesus, seu filho é forte e sobreviverá a isto."

Estas palavras ficaram gravadas em minha mente e naquela ocasião deram-me enorme conforto e tranquilidade para superar a dificuldade. Depois de alguns dias internado, cientes de que nosso filho apresentava "pé torto congênito"[1], fomos para casa mais tranquilos e dispostos a nos refazer do susto daqueles dias. Depois de aproximadamente 50 dias de vida, percebemos que Claudinho tinha algo mais e que se tratava de alguma coisa mais séria. Selamos o seu diagnóstico alguns dias depois em São Paulo: uma cardiopatia congênita grave, da qual somente um caso parecido havia sido descrito em São Paulo. Sofremos muito naquela ocasião com a notícia de que ele jamais teria uma vida normal. Lola, que tanto me ajudou a superar os primeiros dias de agonia com nosso filho, continuou a nos confortar com suas orações, dizendo sempre com franqueza que o Coração de Jesus sabia de todas as nossas necessidades e que jamais nos abandonaria, portanto,

---

1. Como o nome indica, trata-se de uma alteração nos ligamentos, músculos, tendões e ossos do pé do bebê, que pode ocorrer durante a gestação, fazendo com que um pé – ou mesmo os dois pés – apresente-se "torto". (N. do E.)

que confiássemos nele. Difícil não acreditar em qualquer coisa que nos leve a esperança de ver nosso filho com saúde. Para um Pai com conhecimento médico tudo se tornava ainda mais difícil, porque sabia das limitações impostas pela sua doença. Nesses momentos em que a dor de estar perdendo um filho, de sentir que os caminhos vão se estreitando e que a nossa fragilidade de seres humanos está escancarada à mercê do fim da vida, nossa fé fala mais alto e é a ela que recorremos para que a esperança volte a nortear nossos passos e que, apesar de todas as dificuldades, sejamos capazes de, se não entender, pelo menos aceitar não passivamente o destino que nos é traçado.

Caiu em nossas mãos a decisão de tentar uma alternativa cirúrgica para a vida de nosso filho. Seria a única alternativa no momento para continuar sonhando com a hipótese de tê-lo conosco por mais algum tempo. Confiantes, decidimos pela cirurgia e entregamos nosso filho nas mãos de uma das melhores equipes de cirurgiões do Brasil. Tivemos a certeza de que fizemos, até aquele momento, tudo o que fora possível para que ele tivesse todo o conforto e dignidade. Naquele dia 7 de outubro de 1998, pela manhã bem cedo nosso filho saiu da UTI em direção ao centro cirúrgico, levando toda a nossa esperança de tê-lo de volta melhor do que estava indo. Fizemos um contato via telefone com Lola e ela sempre tranquila e serena dizia: "Deus é conhecedor de todas as nossas necessidades, confiem porque ele fará o que for melhor para todos, mas principalmente para o Claudinho. O coração dele é o Coração de Jesus..."

Neste momento me preocupava muito o fato de Lola não dizer, em momento algum, que ele sairia bem de tudo isso. Mantivemos nossas esperanças conforme nossa fé nos permitia.

Após exatas e cruéis dezesseis horas de espera, nosso filho saiu do centro cirúrgico direto para a UTI, onde apenas o pai, por ser médico, pôde entrar e ver o filho recém-operado, esperando encontrá-lo um pouco melhor. Triste caminhada até o seu leito, sentia-me dentro de um pesadelo sem a possibilidade de acordar, mas com a esperança de que em um abrir de olhos tudo isso acabasse e eu pudesse estar em casa com meu filho saudável nos braços. Infelizmente, ao chegar ao seu leito, como se apenas esperasse a minha chegada, seu coraçãozinho parou de bater e eu fui afastado pelas enfermeiras enquanto os médicos tentavam manobras heroicas de massagem cardíaca com o tórax reaberto ali na minha frente. Restou-me sentar na sala ao lado e realmente pedir a Deus que o livrasse daquele sofrimento, o que aconteceu pouco depois. A volta por aquele interminável corredor foi como se um filme retrospectivo dos momentos ruins passasse rapidamente, e um outro, com as cenas dos próximos capítulos, estas sim, em câmara lenta, tomavam forma em minha mente. Eu ia ao encontro de Patrícia e precisava dar a trágica notícia. Sentia como se estivesse em queda livre, como se me tirassem o chão repentinamente e não soubesse onde iria parar. Peguei o celular e liguei para Lola, na expectativa de angariar forças para enfrentar tudo o que ainda me aguardava. Após algumas tentativas, consegui um contato através do Padre Paulo que transmitiu o seguinte recado de Lola naquele momento: "Padre Paulo, diga ao Dr. Claudinho que Jesus o quis para ele. Que ele fique tranquilo porque seu filho está, neste momento, ao lado de Jesus."

Quando consegui falar diretamente com Lola ela repetiu o recado de Padre Paulo e acrescentou para mim: "Ele vai te dar outro logo." Aqui mora para mim a maior santidade de Lola e por isso fiz questão de narrar detalhadamente o acontecido.

Lola tinha a capacidade de ver um pouco mais do que nós imaginávamos. Ela sabia mais do que éramos capazes de imaginar. Sim, descobriríamos meses depois que Patrícia estava grávida quando tudo isso aconteceu. Descobriríamos, sim, que as palavras de Lola "ele vai te dar outro logo" significavam "já tem outro a caminho". Chamamos então nossa "surpresa" de Gabriel (o enviado de Deus), que comprovou tudo nascendo no dia 2 de junho de 1999.

Pessoalmente Lola me disse que sofreu muito com tudo o que passamos, mas que nenhum fio de cabelo cai de nossa cabeça sem que Deus não saiba, e tudo tem um motivo especial. Certamente aprendemos muito com tudo isso, certamente precisávamos viver tudo isso para amadurecer e aprender a conhecer a vontade de Deus, que nem sempre é a nossa vontade.

Eu aprendi muito mais com tudo isso, aprendi que a fé nos é dada não para conquistarmos sempre tudo o que queremos, mas para sermos capazes de confiar em Deus quando as coisas parecem não estar caminhando da forma que gostaríamos. Aprendi que a nossa missão aqui na Terra é acima de tudo aprender, que uns têm mais a aprender, e outros menos, e que meu filho tinha pouco o que aprender. Ele era sábio demais, e com sua curta passagem por este mundo provocou profundas reflexões em tantas pessoas, ensinou coisas novas para muitos médicos que imaginavam saber muito, uniu tantos em oração, apresentou-nos amigos novos, fez-me refletir sobre minha real missão aqui na Terra e, o mais importante de tudo, mostrou-nos que somos capazes de nos reerguer, de continuar lutando e acreditando, de nos mantermos na fé, mesmo passando por momentos tão cruéis como aqueles que passamos. Mostrou-me que posso ajudar as pessoas a acreditar nisso, que embora pareça que o chão nos falte, embora pareça que a solução não exista, tudo é possível, porque estamos aqui aprendendo e sabemos muito pouco. A pergunta que todos nós fazemos, que alguns podem até arriscar uma resposta, mas que ninguém tem absoluta certeza, é por que as coisas acontecem assim? Como explicar a morte de inocentes e de pessoas que fazem o bem? Só posso entender tudo isso baseado no que pude aprender com toda esta situação vivida e compartilhada com Lola: estamos sendo preparados a todo momento para viver algo que exigirá de nós cada vez mais esforço, mais desprendimento e fé em Deus; e isso pode ser que aconteça após a nossa ida deste mundo. Portanto, tudo é um grande aprendizado. Até os momentos de desespero e tristeza são isso: puro aprendizado, oportunidades para que sejamos melhores, para que estejamos preparados para desafios ainda maiores, para que tornemos nossas almas mais puras e que nos aproximemos cada vez mais de Deus.

A presença de Lola em todo esse processo foi fundamental. Dizer que sem a Lola tudo aconteceria igual, seria inconcebível! Eu jamais sairia tão motivado a transformar o que aprendi em ensinamentos se não fosse o sentido da fé que ela nos ajudou a encontrar. Teria sido muito superficial, sofrimento e angústia pura, sem nenhum aprendizado, teria sido "chuva de molhar bobo" quando o que vivemos foi uma "tempestade de ensinamentos".

21
Cuidados especiais

Lola recebeu de Padre Paulo a Unção dos enfermos em 16 de dezembro de 1998, conforme registrado a seguir:

"Às 19 horas, dentro da celebração de Santa Maria, fiz a Unção dos enfermos, para que este sacramento ajude a Lola se fortalecer um pouco.

Em Barbacena, pelo telefone, Terezinha Miranda me disse que encontrou Lola no chão. Ali se encontrava desde a madrugada. Lola disse: 'Quando estava no chão perto da cama, sem poder subir, (respondendo à minha pergunta) pensei: Não tem problema, o Pai e a Mãe estão aqui (referindo a Jesus e Maria)'. Quanto à Unção, disse que tudo que a religião oferece ajuda. Aceitou contente."

Pe. Paulo Dionê Quintão
Rio Pomba, 16/12/1998
(Foto: Dr. Cláudio Bomtempo, acervo pessoal)

No final de 1998, Lola começou a sentir-se mais cansada, queixava-se com muito mais frequência de falta de ar. Nessa fase passei a ir com mais assiduidade a sua casa para tentar ajudá-la, ainda que fosse com recomendações e orientações que pudessem auxiliá-la, uma vez que ela não admitia, em princípio, a ingestão de medicamentos. Recordo-me que eu sofria com isso porque sabia que a medicação poderia ajudá-la. Em uma de minhas visitas, voltei a insistir com ela sobre a necessidade de usar a medicação, ao que ela respondeu:

"Dr. Claudinho, os medicamentos não me fazem bem. Lembro-me que logo depois que sofri o acidente, os médicos tentaram me dar medicamentos e eu piorava com eles. Nós já falamos sobre isso e sei que o senhor me entende. Sei que quando chegar a hora de usá-los, é chegada também a hora de ir embora."

"Mas, Lola, naquela ocasião, os medicamentos não eram questão de vida ou morte, afinal o acidente já havia acontecido e os medicamentos eram apenas para melhorar as dores. Agora não é o caso. Penso que eles poderão dar um alívio ao seu cansaço, fazê-la sentir-se melhor e até prolongar a vida da senhora, ainda que tenha chegado a hora de ir embora."

Como era de se esperar, Lola teve muita dificuldade em dizer "não", então disse seu "não" estratégico, indiscutivelmente uma característica marcante de sua personalidade:

"Vamos perguntar ao 'chefe' o que quer de nós. Ele sempre fala ao nosso coração!"

"E o que ele está falando agora?"

"Que devo conversar calmamente com ele, para que escute bem o que ele quer de mim. Não se preocupe, Dr. Claudinho, eu vou melhorar!"

"Tudo bem, Lola, mas na semana que vem eu volto; e se a resposta dele for 'sim', a gente começa a usar a medicação, tudo bem?"

"Eu vou conversar com ele. Não se esqueça de tomar o cafezinho do Coração de Jesus."

Era impressionante a inabilidade de Lola para falar "não" definitivamente. Naquele momento, comecei a pensar se eu não estava errado em insistir que ela tomasse a medicação que eu julgava ser a ideal. Afinal, alguém tão especial, com convicções tão fortes de fé, não seria capaz de modificar ou transformar os efeitos desejados desses medicamentos? Algumas reações adversas verificadas há tantos anos não seriam suficientes para que eu não arriscasse o uso de medicamentos hoje?

Sabe como encontrei respostas para todas estas dúvidas, medos e incertezas? Fazendo "o que o meu coração aprendeu". Confiando que, apesar de tudo, tinha a pureza da intenção de ajudar. Confiando no meu conhecimento médico e na minha fé. Fazendo o que Lola fazia naquele momento: eu perguntava a ele, ao Sagrado Coração, o que eu deveria fazer.

22
Uso de medicamentos

Esta fase de dúvidas entre usar ou não os medicamentos e permitir ou não que fossem usados, durou aproximadamente quatro semanas. Conversávamos muito sobre o assunto, conquistei aliados, como o Dr. Adahilton e o Padre Paulo, que também apoiavam o uso de medicamentos diante do quadro de sofrimento de Lola. Depois de tantas reflexões sobre o assunto, eu já estava convicto de que estava certo, e fiz mais uma tentativa com Lola, uma vez que seu quadro respiratório se agravara e estávamos perdendo aquela batalha:

"Lola, a senhora disse que iria perguntar ao Coração de Jesus o que deveria fazer quanto ao uso de medicamentos, enquanto aguardamos a resposta, poderíamos fazer pelo menos um eletrocardiograma da senhora? Eu traria o Dr. Adahilton comigo e faríamos ainda esta semana. A senhora permitiria?".
"Sim, desde que seja o senhor e o Dr. Adahilton". "Tudo bem, eu o trarei comigo!".

Para minha surpresa, Lola disse "sim" diretamente, com uma convicção já conhecida. Mas algo mais surpreendente estava por vir.

Voltei ainda uma vez, sem a presença do Dr. Adahilton, já que esta havia ficada agendada para o dia 21 de janeiro de 1999 para a realização do eletrocardiograma. Nessa visita, dois ou três dias depois da anterior, Lola tinha seu quadro clínico agravado; apresentou-se muito fraca, debilitada, com dificuldade de manter-se na mesma posição, estando amparada por vários travesseiros, com um edema (inchaço) nas pernas de dar dó, com muita falta de ar e relatou-me algo impressionante: que outro dia caíra da cama de madrugada e ficara no chão até o dia seguinte, à espera de alguém que a ajudasse a subir. E comentou serenamente: "Ele e ela [referindo-se ao coração de Jesus e Maria] me fizeram companhia, eu estava muito bem apesar de tudo.".

Comprovei mais uma vez que Lola estava num momento crítico de sua saúde. Durante nossa conversa, por duas vezes foi preciso que eu a ajudasse a manter-se sentada, tamanha era sua fraqueza e prostração. Foi então que, num gesto de humildade e confiança, ela pediu-me que chamasse o Padre Paulo, que esperava na sala ao lado, e na sua presença disse: "Dr. Claudinho, eu aceito tomar o remédio que o senhor propôs, porque ele me respondeu que com remédio ou sem remédio, eu ficarei boa, porque o meu remédio é o coração de Jesus, é nele que está a cura de tudo. Aceito tomar o remédio com uma condição: que o Padre Paulo o abençoe primeiro!".

Padre Paulo assentiu com a cabeça, concordando, e feliz com a decisão de Lola. Fomos logo, junto com a Miriam e o Severino, providenciar a medicação na farmácia. Decidi iniciar a medicação por via sublingual, uma vez que Lola relatava que não bebia líquidos e eu respeitava isso.

Usei então Digoxina, Furosemida e rezei muito para que tudo desse certo. Aguardei algum tempo após a primeira dose e, não verificando nenhuma alteração adversa, voltei para Barbacena ainda muito preocupado com o estado de Lola, porém mais tranquilo por ter podido medicá-la. Sabia que se escutasse apenas o coração de Lola, ela não tomaria a medicação, mas era uma escolha que dependia da minha intervenção, afinal sabia dos benefícios que a medicação traria para ela naquele momento e o que poderia significar o seu não uso, pelo menos naqueles dias. Felizmente fizemos a escolha certa e nos certificamos disso alguns dias depois.

23
Avaliação cardiológica

Voltei a Rio Pomba no dia 21 de janeiro de 1999 com o Dr. Adahilton para que desse sua opinião como cardiologista e amigo de Lola e para a realização de um eletrocardiograma. Para minha surpresa, Lola estava muito melhor, bem-disposta, com pouco edema nos membros inferiores, apenas permanecia a fraqueza e a falta de ar, mas bem menos intensa.

Lola lembrou-me carinhosamente do que tinha me dito sobre o medicamento: "Vou melhorar com ele ou sem ele, porque o meu remédio é o Coração de Jesus". Demonstrando que percebia claramente sua melhora. Realizamos o eletrocardiograma, examinamos e Dr. Adahilton registrou a seguinte impressão sobre o que viu:

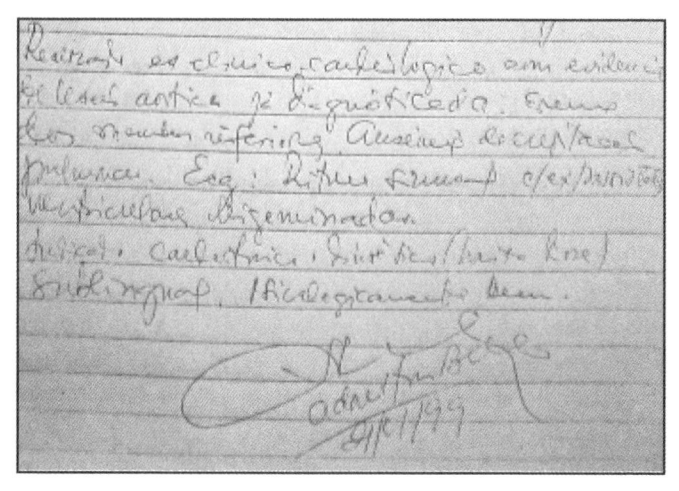

"Realizamos exame clínico-cardiológico com evidência de dupla lesão aórtica já diagnosticada. Edema dos membros inferiores. Ausência de crepitações pulmonares. ECG: Ritmo sinusal com extrassístoles ventriculares bigeminadas. Medicação cardiotônica e diurética (baixa dose) sublingual. Psicologicamente bem."

Adahilton Bello
21/01/1999
(Foto: Dr. Cláudio Bomtempo, acervo pessoal)

Terminados os exames e as orientações médicas, Lola voltou-se para nós dois e disse: "Quanto devo pagar-lhes?". Após os sorrisos, dissemos que precisávamos muito das orações dela, o que Lola tranquilamente respondeu: "Ele paga! Ele é um Pai rico!"

Não é preciso dizer que voltamos, Dr. Adailton e eu, felizes pela certeza da missão cumprida. Ficamos de retornar posteriormente juntos para acompanhar sua evolução.

24
O abandono da medicação

Depois deste dia Lola teve uma melhora considerável apesar das permanentes queixas de dor. Continuei a acompanhá-la e após a regressão total do edema em suas pernas, Lola, por sua conta, parou a medicação que deveria ser de uso contínuo. Seu modo de me informar sua decisão não podia ser de outra maneira senão com a delicadeza de sempre:

"Dr. Claudinho, como ele disse que eu ficaria boa com ou sem medicamentos e eu melhorei muito, resolvi que não usaria mais eles até que fosse extremamente necessário. Queria lhe agradecer por tudo o que fez."

"Lola, embora como médico eu deva dar-lhe o medicamento, como amigo e conhecedor da sua fé eu me coloco à sua disposição para o que for necessário. Pode sempre contar comigo."

"Eu conto sempre e estarei sempre rezando pelo senhor e pelos seus pacientes. Sei que você ainda está muito chateado com a morte de seu filho, mas tenha fé e certeza de que foi o melhor para ele. Hoje ele está ao lado de Jesus, eu o vejo lá!"

"Eu acredito, Lola, e isso me conforta muito."

"Quando o outro chegar eu quero conhecê-lo."

Prova de que Lola estava bem melhor nessa época é que ela falava mais em coisas do futuro. Não deixava de dizer que achava que a sua hora estava próxima, mas acreditava que ainda tinha algo por fazer aqui. Outra prova de total lucidez é que ela se preocupava comigo, com a tristeza gerada pela morte de meu filho, e tentava levantar minha autoestima, falando da possibilidade do próximo vir a nascer. Possibilidade? Não! Nessa época Patrícia já estava grávida, embora nós ainda não soubéssemos. Mas Lola parecia já saber.

Voltei para Barbacena muito mais tranquilo por ver Lola tão mais animada e esperançosa. Comentei com Padre Paulo na ocasião que me sentia orgulhoso em poder estar ajudando-a, mas que também sentia o peso da responsabilidade de cuidar de alguém tão especial.

Lola estava no firme propósito de não usar novamente a medicação e eu sabia que isto não era bom. Continuei a visitá-la com a mesma frequência e percebi que ela realmente não piorara da parte cardiológica. Sabíamos que pela característica de uma de suas patologias (dupla lesão aórtica), se este fosse o motivo que nos tiraria Lola, ele aconteceria de uma forma muito suave. Dr. Adahilton chegou a usar a expressão "como um passarinho". Certamente a forma mais digna de alguém tão especial. E foi o que aconteceu.

25
A última visita

De janeiro a abril de 1999, Lola permaneceu mais estável com relação à sua parte cardiológica e às repercussões dos efeitos da medicação usada durante algum tempo. Com relação às dores articulares, estas não deram tréguas.

Na segunda semana de abril de 1999, mais precisamente numa quinta-feira, dia 8 de abril, Padre Paulo pediu-me que fosse até Rio Pomba com ele porque recebeu notícias de que Lola havia se queixado de dores mais acentuadas nas costas, alguma dormência nas mãos e o aparecimento de manchas com muita coceira. Atendi prontamente o chamado, apesar de estar com o joelho imobilizado, por ter sofrido naquela ocasião um pequeno acidente jogando bola, de modo que eu usava um par de muletas.

Padre Paulo foi dirigindo e havia no ar certa angústia, uma preocupação com Lola pelas notícias que chegaram através da Terezinha e Miriam.

Chegamos e quando entrei no quarto de Lola, amparado por muletas, Lola olhou-me dos pés à cabeça e abriu um sorriso discreto e perguntou: "O senhor está precisando de um médico?"

Que exemplo de bondade! Em meio a tanto sofrimento, Lola encontrava forças para ser simpática e ao mesmo tempo de demonstrar sua preocupação com as pessoas.

"Eu já fui atendido, agora é a vez da senhora."

"O que aconteceu com o senhor?"

"Excesso de saúde! Fui gastá-la jogando bola e machuquei o joelho. Mas não foi nada grave, já estou quase bom."

"O senhor vai ficar bom, seu médico é o Coração de Jesus e ele é o melhor médico do mundo."

Ao contrário do que Padre Paulo e eu esperávamos, Lola apresentou-se muito bem naquele momento, não tinha mais os inchaços nas pernas, não se queixou de dores fortes, tinha sim manchas avermelhadas nos braços e nas mãos com queixa de muito prurido (coceira), que julguei serem oriundas do excesso de pomadas anti-inflamatórias usadas por ela, certamente pela acentuação das dores nos dias anteriores. A respiração havia melhorado muito, mas o que mais me impressionou foi a disposição de Lola e sua lucidez naqueles momentos, que, mal sabíamos nós, eram os últimos de nossa convivência. Talvez por terem sido os últimos, trago na memória, auxiliado por anotações feitas na ocasião, com uma riqueza de detalhes muito grande, dada a objetividade da fala de Lola naquele momento, dada a sua atenção para comigo naquela noite.

Padre Paulo preferiu celebrar a missa antes que conversássemos mais, porque sabíamos que a Eucaristia era a grande fonte de força de Lola, era através dela que ela angariava forças para resistir a tanto sofrimento, e resistir com amor, com aceitação, sem reclamar do destino, como se fosse uma missão que só ela poderia cumprir. Após a Eucaristia, Lola parecia revigorar-se, parecia ganhar "pilha nova" e tornava-se até mais cooperativa no seu exame físico. Não que ela não o fosse, mas dava mais detalhes do que sentia, explicava com mais detalhes suas sensações e as coisas acontecidas no passado.

Terminada a missa, sentei-me ao lado de Lola no tradicional banquinho e começamos a conversar. Lola estava feliz, um pouco mais eufórica, eu diria. Perguntou-me pela minha família e comentou de forma simples e tranquila que o meu joelho estaria bom em pouco tempo. Comecei então a presenciar uma verdadeira aula de santidade, de quem tem certeza de que a morte não é o fim da vida, mas faz parte dela. Comecei a presenciar uma lição de vida que a morte nos faz temer tanto.

Lola em momento algum naquela noite disse a mim que sabia que estava chegando a sua hora, mas na minha opinião, e baseado em tudo o que conversamos e que relato a seguir, pude perceber mais claramente e compreender que se tratava de mais uma mensagem de fé e esperança que ela deixou:

"Como a Senhora está passando? Vim porque disseram-me que estava passando por maus momentos, mas que bom que a encontrei assim, mais bem-disposta que nos outros dias."

"Sabe, Dr. Claudinho, eu me senti muito mal nos dias anteriores, muitas dores, dores como eu nunca senti, ainda me apareceram algumas manchas vermelhas pelo corpo que hoje estão um pouco melhores e que coçavam muito e ainda coçam, mas bem pouco."

"As dores então melhoraram hoje? Há quanto tempo a senhora não sente uma melhora assim?"

"Não me lembro. Aliás, Dr. Claudinho, vou contar-lhe uma novidade: eu nunca passei por um dia tão sem dor como o de hoje. Hoje eu me senti como se estivesse nas mãos do Coração de Jesus e totalmente sem dor como há muito tempo eu não sentia. Hoje é um dia muito especial para mim."

"Agora para mim também! Que bom ouvir isso! Aperte as minhas mãos."

Lola teve dificuldade apertar minha mão com a sua mão direita, sua pressão arterial estava em 150 x 80 mmHg e sua ausculta cardíaca era como as anteriores. Sua ausculta pulmonar era normal. Não havia sinais de desidratação, suas mucosas estavam normalmente coradas. Lola chamou-me a atenção para o fato de ter conseguido esticar suas pernas facilmente naquele dia:

"Veja o senhor que hoje até minhas pernas estão esticadas e não fiquei nem sentada sobre elas, como de costume. Dr. Claudinho, eu nunca me senti tão bem como estou me sentindo hoje."

"Que bom, Lola, estou um pouco assustado, mas muito feliz por vê-la assim. Afinal, a senhora disse que ainda tem muita coisa para fazer aqui, não é?"

"É sim, mas o nosso Pai é que conhece as nossas necessidades, e ele sabe o quanto precisamos ou não ficar aqui."

Pela primeira vez, pude ver Lola realmente deitada com as pernas esticadas, parecia uma outra pessoa e logicamente mais alta. Fiz as orientações rotineiras, perguntei se havia feito uso de algum medicamento, alegou que só fez uso das pomadas e em excesso, disse que não precisava mais dos remédios do coração, que eles já tinham feito o efeito proposto. Orientei também que pediria a Terezinha para fazer exercícios ativos leves, como uma forma de fisioterapia tanto para as mãos quanto para as pernas. Lola manteve-se com o mesmo sorriso suave, escutando atentamente minhas orientações. Ao final de nossa conversa, demonstrou sua gratidão pelo meu trabalho e retribuiu-me com o seguinte diálogo emocionante e inesquecível:

"Dr. Claudinho, vejo a sua dedicação para comigo, seu sacrifício em vir de Barbacena para cá tantas vezes à noite, hoje veio até de muletas! O coração de Jesus cuida do Senhor, mas eu queria retribuir tudo o que o senhor tem feito por mim por todos estes anos. Deixe-me pagar-lhe pelos seus serviços."

"Serviços? Lola, eu venho aqui pela sua amizade, eu venho aqui movido pela minha fé e venho com prazer, tenho o maior orgulho e policio-me para que isso jamais me envaideça, e, acima de tudo, venho porque me sinto chamado a ajudá-la na sua missão. Acredito nisso e movido pela minha fé estou à sua disposição. Não venho aqui a trabalho, venho visitar uma amiga."

"Eu sei, mas mesmo assim o senhor teve gastos, deixou sua família tantas vezes para estar aqui, eu insisto, quero pagar-lhe os seus gastos."

"Lola, a senhora já paga… Paga em orações. Já pagou tantas vezes, especialmente na hora quando eu mais precisei. Rezou por mim, rezou pelos meus amigos e pela minha família. Tantas graças foram alcançadas através da sua oração e da fé de cada um. Tem valor maior que este?"

"Não, não tem, mas mesmo assim eu insisto, deixe-me pegar-lhe!"

Tamanha foi a insistência de Lola que me senti na necessidade de valorizar o seu desejo, ou poderia até parecer indiferença e aí tive a ideia que ela adorou:

"Está bem, se a senhora quer que eu cobre, então eu vou cobrar..."

"Pode cobrar!"

"Eu quero que a senhor reze pelos meus pacientes!"

"Mas isso eu já faço! Nós já combinamos isso."

"Não, eu disse que iria cobrar e vou cobrar caro. Quero que a senhora reze mais por eles, para que eles melhorem mais rápido."

Não tendo outra saída, Lola pegou minhas mãos, apertou-as, e, com serenidade e o tradicional e doce olhar nos olhos, disse baixinho, como se contasse um segredo:

"Está bem, eu irei rezar mais ainda por eles. Onde quer que eu esteja, tenha certeza de que estarei rezando por eles, pela sua família e por você. Acredite no que vou lhe dizer: reze sempre pelos seus pacientes; com aqueles que puder, fale sobre a fé no Coração de Jesus e saiba que o melhor médico do mundo não é o senhor, mas ele. Ele tem a cura para tudo. Obrigada por tudo, você estará sempre nas minhas orações. Não esqueça de tomar o cafezinho do Coração de Jesus."

"Eu que agradeço por ter a confiança da senhora por todo este tempo. Obrigado."

Estas foram as últimas palavras que troquei com Lola naquela noite do dia 8 de abril de 1999, aproximadamente às 22h. Tomamos o "cafezinho do Coração de Jesus" e partimos de volta para Barbacena, desta vez bem mais aliviados.

26
O céu está em festa

Eu percebia que a hora de Lola partir estava chegando, mas confesso que naquele dia achei que estava adiado por muito tempo, pela melhora visível que apresentava. Assim que cheguei em minha casa, comecei a contar para Patrícia a grande melhora percebida em Lola, mas pouco depois tocou o telefone. Era o Padre Paulo dizendo que Terezinha ligou da casa de Lola: ela acabara de morrer. Como prevíamos, morreu tranquila, como quem apenas dorme aqui e acorda lá. Com a naturalidade com que Lola encarava a morte, acho que ela realmente sabia como era o céu, penso que o conhecia tão bem que ela realmente era de lá e apenas voltou para casa.

No dia 9 de abril de 1999 o céu estava em festa, recebia alguém muito especial, alguém que recebeu uma missão diferente da que todos nós recebemos e que por isso abraçou-a com amor, com fé, com responsabilidade e com a coragem que só os campeões têm. Lola recebeu talentos e os multiplicou. Dividiu-os com a humanidade com total simplicidade, como só aqueles que conhecem o real sentido da vida são capazes de fazer. Lola repartiu amor com todos aqueles que pôde, conhecendo-os ou não, convivendo ou não com eles.

Mesmo que Lola sentisse fome, sede e sono, como afirmava não sentir, ainda assim ela seria especial, porque o que a tornava diferente era a capacidade de suportar as dores, as dificuldades, a imobilização do corpo (mas jamais da alma), com amor, com a aceitação de quem sabe que depois da tempestade vem a bonança. E só aqueles que realmente têm fé são capazes de tamanha abnegação. Lola era assim, um coração aberto a todas as situações difíceis, transformando-as em soluções ou em esperança.

Ao receber o telefonema de Padre Paulo decidimos voltar imediatamente para Rio Pomba, e o caminho de volta foi difícil. Dúvidas, lembranças, tristeza, saudade, nó na garganta, mas certeza de missão cumprida. Chegar ao leito de Lola e vê-la pouco tempo depois de um diálogo tão maravilhoso foi um grande teste para o coração. Foi também a hora de começar a entender o porquê daquela despedida tão diferente das outras; porque ela já não sentia mais dores, porque aquele era um dia especial para ela, porque ela há tanto tempo não se sentia tão bem como naquele momento. É difícil acreditar que ela não soubesse que estava partindo, embora dividir isso conosco pouco adiantaria, pois jamais entenderíamos algo daquela dimensão. Agora eu entendo por que ela queria retribuir as minhas visitas: era a última!

Em seu leito, o mesmo semblante sereno de sempre, apenas o silêncio. Silêncio que queria dizer muito. Queria dizer "missão cumprida". Queria dizer "continuem a luta, eu estarei com vocês". Queria dizer "tenham fé, eu venci tudo isso e não me locomovia". Queria dizer "vivam no amor de Deus". Queria dizer "voltei para casa".

Epílogo

O que o meu coração aprendeu foi que para Deus tudo é possível. Até mesmo nos mandar um sinal claro da sua existência, como é o caso de Lola. Eu não conseguiria respostas para os meus questionamentos em relação a Lola se não fosse à luz da minha fé. Sempre existiu e sempre existirá muita especulação, muita curiosidade com relação à vida dela. Meu coração aprendeu que, enquanto fui apenas um curioso, não fui recebido. Ao acolher, no entanto, o pedido de Lola de oração e persistência na fé, tornei-me seu amigo de verdade e digno de sua confiança, como profissional e como pessoa. Essa é a grande mensagem de Deus para nossas vidas. Enquanto apenas duvidamos ou somos curiosos, não nos aproximamos dele. Quando nos deixamos levar pela nossa fé, confiantes de que estamos diante de Deus ou de um sinal claro da sua existência, ele se apresenta em nossos corações e faz maravilhas. Maravilhas como o amadurecimento diante da doença, da perda de alguém querido, de uma derrota (que não significa fracasso), de um erro, de uma injustiça ou de qualquer outra situação que nos faça amadurecer.

O que meu coração aprendeu foi que os sinais de Deus podem ser mais fortes, como o caso de Lola, ou mais fracos, como o quebrar de uma onda, o voar de um pássaro, o nascer de uma flor, ou qualquer outra coisa que aconteça milhões de vezes num mesmo instante em vários locais do universo, e que, só quando estamos atentos é que percebemos que ambos os sinais querem dizer a mesma coisa: "Eu sou o caminho, a verdade e a vida!" (Jo 14,6).

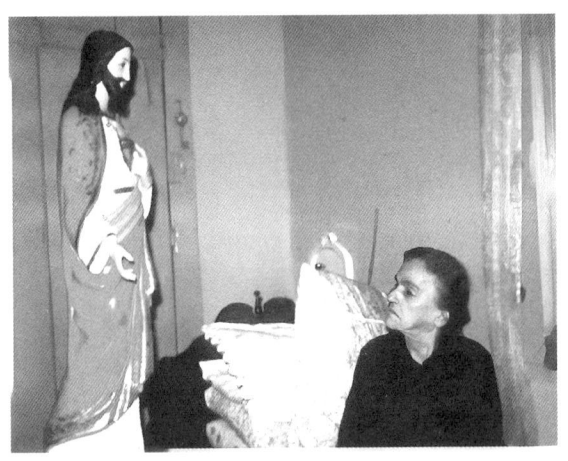

(Fotos: Dr. Cláudio Bomtempo, acervo pessoal)

Novena eficaz ao Sagrado Coração de Jesus

Ó Divino Jesus, que dissestes: pedi e recebereis; procurai e achareis; batei e se vos abrirá; eis-me prostrado aos vossos pés, cheio de viva fé e confiança nessas sagradas promessas ditadas pelo vosso Sacratíssimo Coração e pronunciadas pelos vossos lábios adoráveis. Venho pedir-vos... [aqui se faz o pedido].

A quem pedirei, ó doce Jesus, senão a vós, cujo coração é inesgotável manancial de todas as graças e merecimentos? Onde o procurarei a não ser no tesouro que contém todas as riquezas de vossa clemência e bondade? Onde baterei a não ser à porta do vosso Sagrado Coração, pelo qual o próprio Deus vem a nós e nós vamos a ele?

A vós, pois, recorro, ó Coração de Jesus. Em vós encontro consolação quando estou aflito, proteção quando perseguido, força quando oprimido de tristeza, e luz quando envolto nas trevas da dúvida.

Creio firmemente que podeis conceder-me as graças que vos imploro ainda que fosse por milagre.

Sim, ó meu Jesus, se quiserdes, minha súplica será atendida. Confesso que não sou digno de vossos favores, mas isso não é razão para eu desanimar. Vós sois o Deus de misericórdia e nada sabereis recusar a um coração humilde e contrito.

Lançai-me um olhar de piedade, eu vos peço. Vosso compassivo coração achará nas minhas misérias e fraquezas um motivo imperioso para atender a minha petição. Mas, ó Sacratíssimo Coração de Jesus, seja qual for a vossa decisão no tocante ao meu pedido, nunca vos deixarei de amar, adorar, louvar e servir. Dignai-vos, ó meu Jesus, receber esse meu ato de perfeita submissão aos decretos no vosso adorável Coração, que sinceramente deseja ser satisfeito, tanto por mim como por todas as criaturas, agora e por todo o sempre. Amém.

Oração pela beatificação de Lola

❧

Deus Pai, que revelastes as maravilhas do Reino aos pequeninos, nós vos agradecemos pelos tesouros de virtude e sabedoria que em vida concedestes à vossa filha Floripes Dornelas de Jesus, a Lola.

Nós vos pedimos, pela força de vosso Espírito, exaltai sua humildade elevando vossa fiel à honra dos altares.

Concedei-nos a graça da oração e total confiança no Sagrado Coração de vosso Filho, e na proteção maternal de Maria, para que um maior número de pessoas possa tê-la como intercessora e modelo de vida cristã. Amém.

Com aprovação eclesiástica de
Dom Luciano Mendes de Almeida
Arcebispo de Mariana, MG, em 2 de julho de 2002

loyola.com.br   vendas@loyola.com.br

Para aprender com o Coração de Jesus

A Grande Promessa do Sacratíssimo Coração de Jesus
ISBN: 9788515001972

Um coração para amar
ISBN: 9788515044504

EXCLUSIVO PARA VENDAS:
113385.8585

Edições Loyola

TELEVENDAS:
113385.8500

loyola.com.br   vendas@loyola.com.br

365 dias com o Coração de Jesus

ISBN: 9788515045358

30 dias com o Coração de Jesus

ISBN: 99786555040807

EXCLUSIVO PARA VENDAS:
113385.8585

Edições Loyola

TELEVENDAS:
113385.8500

Edições Loyola

editoração impressão acabamento
Rua 1822 n° 341 – Ipiranga
04216-000 São Paulo, SP
T 55 11 3385 8500/8501, 2063 4275
www.loyola.com.br